“四好农村路”管理与技术

戈晓明　王　聪　王松根　编著

人民交通出版社股份有限公司
China Communications Press Co.,Ltd.

内 容 提 要

本书在系统总结近年来农村公路发展成果的基础上,全面梳理了交通运输部对“四好农村路”建设的相关要求,总结了农村公路的管理实践与应用技术,并介绍了各地的发展经验和先进技术,为解决“四好农村路”发展中的管理与技术问题提供指导。

本书可作为我国农村公路管理人员及专业技术人员的参考用书。

图书在版编目(CIP)数据

“四好农村路”管理与技术 / 弋晓明,王聪,王松根编著. — 北京:人民交通出版社股份有限公司,2018.8

ISBN 978-7-114-14933-7

Ⅰ. ①四… Ⅱ. ①弋… ②王… ③王… Ⅲ. ①农村道路—公路管理—研究—中国 Ⅳ. ①U418

中国版本图书馆 CIP 数据核字(2018)第 176702 号

书　　名:“四好农村路”管理与技术
著 作 者: 弋晓明　王　聪　王松根
责任编辑: 潘艳霞
责任校对: 宿秀英
责任印制: 张　凯
出版发行: 人民交通出版社股份有限公司
地　　址:(100011)北京市朝阳区安定门外外馆斜街 3 号
网　　址: http://www.ccpress.com.cn
销售电话:(010)59757973
总 经 销: 人民交通出版社股份有限公司发行部
经　　销: 各地新华书店
印　　刷: 北京印匠彩色印刷有限公司
开　　本: 720×960　1/16
印　　张: 9.25
字　　数: 157 千
版　　次: 2018 年 8 月　第 1 版
印　　次: 2019 年10月　第 2 次印刷
书　　号: ISBN 978-7-114-14933-7
定　　价: 50.00 元

作者简介

戈晓明,男,生于1985年9月,博士,2014年毕业于山东大学,现于公路养护技术国家工程研究中心从事公路养护管理的相关工作,参与过工程施工、政策研究等工作,2015年以来参与了交通运输部“四好农村路”督导考评、示范县创建等系列政策制定及研究工作,参与编写书籍6部、行业标准3部。

王聪,男,生于1982年12月,博士,2015年毕业于北京科技大学,现于交通运输部路网监测与应急处置中心工作。主要从事路网监测管理,桥梁、隧道的检测工作及信息化管理工作,熟悉运输车辆对道路的技术条件需求,具有较强的业务管理能力、政策分析水平和文字表达能力,参与了多项部级重点科研项目,熟悉科研工作流程,具有较强的科研实施能力。参与完成北京、重庆、安徽、贵州、山西、新疆等地养护管理规范化评价及养护管理规划等多项课题研究。

王松根，男，生于1954年5月，浙江奉化人，工程技术应用研究员，享受国务院政府特殊津贴专家；中国技术市场协会交通运输专家委员会主任；中国公路学会养护与管理分会专家委员会主任；国家安全生产专家组成员。

1978年1月毕业于南京工学院，长期从事公路工程施工、公路养护和技术管理工作。近四十年来，致力于结合生产需求开展科研工作，先后主持和参加了30余项科研项目，获省部级以上科技进步奖22项，其中获国家科技进步二等奖2项，省部级科技进步特等奖、一等奖10项，协助高校培养博士14名，在国内专业期刊上发表科技论文100余篇，编著专业书籍10部，主持和参与编制国家标准、行业标准6部，获国家发明和实用新型专利9项。

前　言

2003年，交通部[①]提出“修好农村路，服务城镇化，让农民兄弟走上油路水泥路”，自此开启了我国农村公路的快速发展模式。党的十八大以来，我国提出了全面建成小康社会的目标和实施扶贫攻坚的伟大战略，农村公路作为农村的重要基础设施，其发展受到了国家的高度重视。习近平总书记等中央领导同志连续三次对农村公路发展作出重要指示批示，提出了要把农村公路建好、管好、护好、运营好的要求。在交通运输部的大力引导下，全社会掀起了建设“四好农村路”的高潮。

“四好农村路”建设的方向和目标已经明确，但如何才能实现“四好”？全国各地结合本地区的实际情况，开始了众多的探索，从体制机制，到发展理念，再到工程技术等，均形成了一系列的成果，并且总结了一大批可复制、可推广的典型经验。

本书结合各地的发展经验，以及作者对国内“四好农村路”建设的大量调研，根据各地在建设中遇到的实际问题和解决方案，对“四好农村路”建设的相关内容进行了系统的总结，供广大从事农村公路工作的管理人员和专业技术人员学习。

本书共分为概述、建设好、管理好、养护好、运营好和“四好农村路”示范县创建6章。其中第1章由弋晓明和王松根编写，第2章由弋晓明编写，第3章由王松根和王聪编写，第4章由王松根编写，第5

① 现为交通运输部。

章由王聪编写，第 6 章由弋晓明和王聪编写。

本书重点从管理实践与应用技术的角度对"四好农村路"的相关内容进行了介绍，可作为《"四好农村路"理论与实践》的配套资料，使读者对"四好农村路"发展情况加深了解。

由于编者水平有限，错误和不当之处在所难免，欢迎读者批评指正，以求改进。

作　者

2018 年 4 月

目　录

第1章　概　　述

1.1　概念

1.1.1　公路

公路是连接城镇、乡村和工矿基地，主要供汽车行驶的人为修筑的带状工程构筑物的统称。其由路基、路面、桥梁（隧道）、涵洞和各种附属设施等组成。其中，专供汽车分道高速行驶并全部控制出入口的公路称为高速公路。

公路必须具备以下几个要素：人为修建的带状构筑物；用于连接城镇、乡村和工矿基地（包括港口、重要旅游点等）；主要供汽车行驶；由路基、路面、桥梁、涵洞等组成（包括隧道、渡口等）；配有必要的防护、排水、交通安全等附属设施；符合国家规定的公路工程技术标准；经交通运输主管部门或公路管理机构验收并认定为合格。

1.1.2　公路等级划分

根据《中华人民共和国公路法》《公路安全保护条例》，我国公路可按行政等级和技术等级进行划分。

1）公路行政等级划分

按在公路网中的地位，公路分为国道、省道、县道、乡道和村道，其中村道未在《中华人民共和国公路法》中明确，但在《公路安全保护条例》中有相关规定。另外，公路网中还有一部分由工矿、农林、军队等部门投资修建，主要为该部门使用的公路，称为专用公路。

2）公路技术等级划分

根据《公路工程技术标准》（JTG B01—2014），我国公路按技术等级分为高速公路、一级公路、二级公路、三级公路和四级公路五个等级，各等级公路技术标准如表1.1所示，各等级公路示例如图1.1～图1.5所示。

各等级公路技术标准　　表1.1

公路等级	高速公路			一级公路			二级公路		三级公路		四级公路	
设计速度（km/h）	120	100	80	100	80	60	80	60	40	30	30	20

续上表

公路等级	高速公路	一级公路	二级公路	三级公路	四级公路
车道数	≥4	≥4	2	2	2(1)
年平均日设计交通量（辆）	>15000	>15000	5000～15000	3000～6000	<2000(400)

注:设计交通量为折合小汽车交通量。

图1.1　四车道高速公路

图1.2　一级公路

图1.3　二级公路

图1.4　三级公路

图1.5　四级公路

另外，我国现有公路中，还有一部分达不到最低技术等级（四级公路）的要求，这些公路称为等外公路。

1.1.3 农村公路

《国务院办公厅印发农村公路管理养护体制改革方案的通知》（国办发〔2005〕49号）中对农村公路的解释是：农村公路（包括县道、乡道和村道）是全国公路网的有机组成部分，是农村重要的公益性基础设施。《农村公路养护管理办法》第二条明确规定：本办法所称农村公路是指纳入农村公路规划，并按照公路工程技术标准修建的县道、乡道、村道及其所属设施，包括经省级交通运输主管部门认定并纳入统计年报里程的农村公路。公路包括公路桥梁、隧道和渡口。

农村公路既不是公路的行政等级，也不是公路的技术等级，是一种分类，包含县道、乡道和村道。

县道：指除国道、省道以外的县际公路以及连接县级人民政府所在地与乡级人民政府所在地和主要商品生产、集散地的公路。

乡道：指除县道及县道以上等级公路以外的乡际公路以及连接乡级人民政府所在地与建制村的道路。

村道：指除乡道及乡道以上等级公路以外的连接建制村与建制村、建制村与自然村、建制村与外部的公路，但不包括村内街巷和农田间的机耕道。

1.2 农村公路重要作用

农村公路是农村的重要基础设施，为农村的经济发展、农业的生产运输和农民的生产生活服务。我国经济发展进入新常态，处于三期叠加的深刻转折期，稳增长、调结构、促改革、惠民生、防风险的任务繁重。农村公路是我国综合交通运输体系的组成部分之一，对农村生产生活来说是极为重要的基础设施，承担着扶贫攻坚和实现全面小康社会交通运输兜底的重任，其重要性主要体现在以下几个方面：

1.2.1 农村公路是全面建成小康社会的基础支撑

小康不小康，关键看老乡。习近平总书记反复强调，没有贫困地区的小康，没有贫困人口的脱贫，就不可能全面建成小康社会。全面建成小康社会的最大"短板"在农村。农村公路覆盖广、比例大，在服务"三农"中处于基础性地位，必须在服务农村经济社会发展、支持现代农业、带动农民脱贫致富奔小康、促进城乡一体化发展等方面发挥先行官作用。

1.2.2 农村公路是贫困地区脱贫致富的重要保障

习近平总书记高度关注革命老区、民族地区、边疆地区、贫困地区发展,强调做好老区扶贫开发工作,让老区人民尽快脱贫致富,既是经济责任,也是政治责任,不然我们无法向老区人民交代。加快革命老区的农村公路发展是党和国家赋予交通运输的政治使命,也是促进老区脱贫致富的重要保障。

1.2.3 农村公路是交通基本公共服务均等化的重要体现

随着广大农民收入水平和消费能力的提高,人民群众对出行安全性、便捷性、舒适性和多样性的要求将进一步提升,由于农村经济产业结构加快调整,货运结构调整步伐加快,对经济性、及时性、可靠性的要求更高,加强农村公路建设与养护是广大农民群众的内在需求,也是实现交通基本公共服务均等化的重要体现。

1.2.4 农村公路是建设现代综合交通运输体系的重要环节

目前,我国高速公路和高铁里程、港口码头吞吐能力均位居世界第一,7 个沿海港口位居世界十大港口之列,交通基础设施更加完善,但农村交通始终是整个综合交通运输体系的薄弱环节,必须加快发展。

1.3 农村公路发展阶段

根据农村公路的发展情况及发展趋势,可将农村公路的发展分为四个阶段:

1.3.1 建设起步

党的十一届三中全会以后,党中央提出经济工作要以提高经济效益为中心。随着对内搞活经济、对外实行开放政策的实施,商品生产和商品经济蓬勃发展,公路交通不相适应的矛盾日益突出,农村公路不足的问题更显明显。在 1978 年,全国农村公路里程只有 58.6 万公里,公路等级很低,大量乡镇和村庄都不通公路,造成城市与乡村隔绝,农民出行困难,农村公路建设的主要任务重点解决“通”的问题。

第五届全国人民代表大会第一次会议通过的国务院《政府工作报告》提出了要建立起一个适应工农业生产发展需要的交通运输网的要求。1984 年底,国家计划委员会开始采用以工代赈形式修建农村公路,地方各级政府和公路交通部门也从地方财政、各专项基金和养路费中投入相应配套资金,积极扶持农村公路的发展。1994 年我国开始实行“八七”扶贫攻坚计划,在 1994—2000 年的

7年间，每年约7亿元资金主要用于592个国家贫困县的农村公路建设，极大地改善了贫困地区农村公路条件。2000年，配合西部大开发，我国开始在西部地区实施总投资为310亿元、涉及1100个县的通县公路建设，对改善西部地区农村公路状况、解决西部地区群众出行难的问题发挥了重要作用。

1.3.2 大规模建设

从2003年开始，我国大规模开展农村公路建设。为了落实中央建设社会主义新农村的战略部署，交通部党组提出，“修好农村路，服务城镇化，让农民兄弟走上油路和水泥路”，开始实施“东部地区通村、中部地区通乡、西部地区通县”工程。2005年初，国务院审议通过的《农村公路建设规划》提出，“到‘十一五’末基本实现全国所有具备条件的乡(镇)通沥青(水泥)路(西藏自治区视建设条件确定)，东中部地区所有具备条件的建制村通沥青(水泥)路，西部地区基本实现具备条件的建制村通公路。”国家安排车购税资金400亿元，用于建设“通达工程”，2006—2008年间，到位资金374.9亿元，占计划的96%；安排投资五年1000亿元，建设“通畅工程”，其中，车购税投资735亿元，中央预算内和国债投资265亿元，截至2008年，已到位资金643.3亿元，占“十一五”计划投资的64.33%。

交通运输部自2008年起，开展了为期三年的农村公路建设质量年活动，以三批农村公路建设示范工程为导向，推进管理养护工作的常态化、规范化。农村公路建设质量管理出现了“三个转变”：从偏重于事后验收，向注重设计、施工、验收全过程管理转变；从偏重于抓施工单位管理，向注重抓所有参建单位的管理转变；从偏重于政府监督，向政府监督与社会监督相结合转变。

2013年，交通运输部在全国推行推广河北省农村公路“七公开”等经验，对农村公路建设中的七个关键环节进行全面公开，主要包括公开农村公路年度建设计划、公开建设资金补助政策、公开施工过程管理等，与建设计划安排、养护工程资金挂钩，推进了农村公路管养体制改革的到位、落实。

1.3.3 养护发展

随着农村公路建设进程的不断加快，农村公路里程迅速增加，养护资金短缺、养护需求与养护能力之间的矛盾加剧，农村公路失养严重、路况恶化、管理跟不上等问题突出，原有的群众性、非专业养护模式已经不适应新时期农村公路发展的要求，建设是发展、养护管理也是发展而且是更加可持续发展的理念更加深入人心。在继续大规模建设农村公路的同时，交通运输部和地方政府把农村公路养管问题摆在更加重要的位置。

2005年，国务院办公厅印发的《农村公路管理养护体制改革方案》颁布实施后，各地积极推进管养体制改革，探索建立适合农村公路的养护运行新机制，"县道县管、乡道乡管、村道村管"养护管理格局初步建立，农村公路养护管理工作逐步进入正常化、规范化的轨道。各地落实了省级农村公路养护工程补助资金标准（即县道每年7000元/km、乡道每年3500元/km、村道每年1000元/km），地方公共财政对农村公路养护管理的投入逐年加大，并基本纳入县级公共财政支出范围。

2011年，交通运输部印发了《农村公路管理养护年活动总体方案》，开展为期三年的农村公路管理养护年活动。各地在落实责任、筹集资金、建章立制、养护模式、监督考核和示范路创建等方面取得了积极成效，农村公路养护与管理工作稳步推进、进展良好。

2012年，中央印发《集中连片特困地区扶贫纲要（2012—2020）》后，农村公路发展进入到了集中攻坚阶段，逐步从规模扩张向路网优化、质量和效益并重转型。截至2012年底，全国农村公路达到367万km，等级公路达308万km，占比83.7%，铺装路面230万km，占比62.5%，乡镇通公路率和通沥青（水泥）路率分别达到99.97%和97.43%。2012年，全国乡道养护里程为107万km，占比99.1%；村道养护里程为196万km，占比94.9%，农村公路的养护水平显著提升，农村公路管理养护工作逐步常态化、规范化，推进了农村公路建设的稳步发展。

1.3.4 协调发展

在该阶段，全国农村公路网基本形成，路面水平和技术等级不断提高，但与全面建成小康社会的目标相比，农村公路建设和管理仍存在着交通运输网络有待优化、养护管理长效机制有待健全、主体责任不够明确、交通运输安全工作有待改进等问题，不能完全适应农村社会经济发展的需求。截至2013年底，全国农村公路总里程达到378.5万公里，99.97%的乡镇和99.70%的建制村通了公路，但仍有2.2%的乡镇和11%的建制村的公路不是沥青路、水泥路；全国农村公路列养比例达到98.1%，比10年前提高了44%，但平均优良路率为58%，中等以上达76%，仍有较大的提升空间。

党的十八大以来，习近平总书记等中央领导同志多次对农村公路发展作出重要指示批示，提出要把农村公路建好、管好、护好和运营好的工作要求。

习近平总书记的重要指示批示，站在党和国家事业发展全局的高度，高屋建瓴，指向清晰，是做好农村公路工作必须长期坚持的重要指针。

交通运输部认真贯彻总书记关于“四好农村路”的重要批示精神，提出“小康路上，绝不让任何一个地方因农村交通而掉队”的目标，提出了“五个坚持五个确保”的理念，即“坚持政府主导，确保农村公路发展责任落实到位；坚持改革创新，确保提质增效升级迈上新台阶；坚持民生优先，确保全面建成小康社会的战略目标如期实现；坚持协调发展，确保‘四好农村路’取得显著成效；坚持安全绿色，确保农村公路走上可持续发展道路”，为优化村镇布局、促进农村经济发展当好先行，为全面建成小康社会提供基础支撑和重要保障。

在2014年全国农村公路电视电话会和2015年全国农村公路现场会上，交通运输部提出了到2020年实现建好、管好、护好、运营好的总目标，确定了“保基本、强服务、惠民生、促发展”的总方针，明确了加快实现“四个转变”的总思路，即从“会战式”建设向集中攻坚转变，从注重连通向提升质量安全水平转变，从以建设为主向建管养运协调发展转变，从适应发展向引领发展转变，并将“四好农村路”建设确定为“十三五”交通运输工作的核心任务之一。交通运输部确定的2015年10件实事，其中6件与农村公路有关。

2016年1月1日起施行的《农村公路养护管理办法》，是交通运输部在公路养护管理领域的第一部规章，以加快推进农村公路养护向规范化、专业化、机械化、市场化方向发展。2015年5月，交通运输部印发了《关于推进“四好农村路”建设的意见》，并于9月在甘肃庆阳召开了全国农村公路现场会，将建设“四好农村路”作为今后一个时期全国农村公路工作的核心任务。近20个省级党委和政府把“四好农村路建设”工作作为交通运输工作的重点，纳入对政府的绩效考核。2017年，国务院办公厅印发《关于创新农村基础设施投融资体制机制的指导意见》，其中对完善农村公路建设养护机制作出部署，明确农村公路建设、养护、管理机构运行经费及人员基本支出纳入一般公共财政预算。

根据全面建成小康社会的战略部署和“四好农村路”的建设目标，2020年，我国将全面建成通达、高效、优质、完善的“四好农村路”网络，农村公路形成科学合理的顶层设计框架，引领和指导农村公路健康可持续发展，为广大农村地区社会经济的发展提供重要的基础支撑作用。农村公路的技术等级得到逐步提升，农村公路养护逐步实现规范化、专业化、机械化、市场化，养护体制机制更加顺畅，养护保障能力不断增强，养护优先的理念得到落实。农村公路基础设施的完善进一步促进运营效率的提升，总体上看，农村公路建设、管理、养护、运营将实现全面协调发展。

1.4 农村公路发展概况

1.4.1 发展成绩

自2003年农村公路大规模建设开启后，我国农村公路快速发展，尤其是党的十八大以来，在全面建成小康社会战略和脱贫攻坚战略的背景下，农村公路发展取得了辉煌的成绩，具体如下。相关数据见图1.6~图1.8。

1）建设方面

截至2015年底，农村公路里程达到398万km，2016年随着公路网的调整，部分县道调整为国省道，农村公路里程有所下降，为395.9万km，包括县道56.2万km、乡道114.7万km、村道225万km。

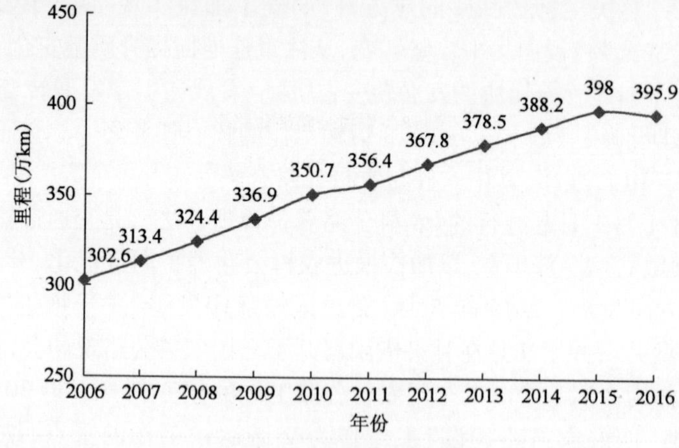

图1.6 历年农村公路里程

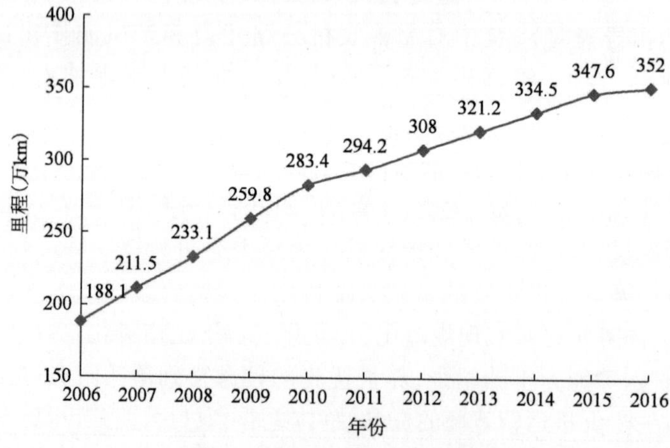

图1.7 农村公路中等级公路里程

截至2016年底，农村公路中等级公路里程达到352万km，约占总里程的88.9%，比2006年提高了26.9%。

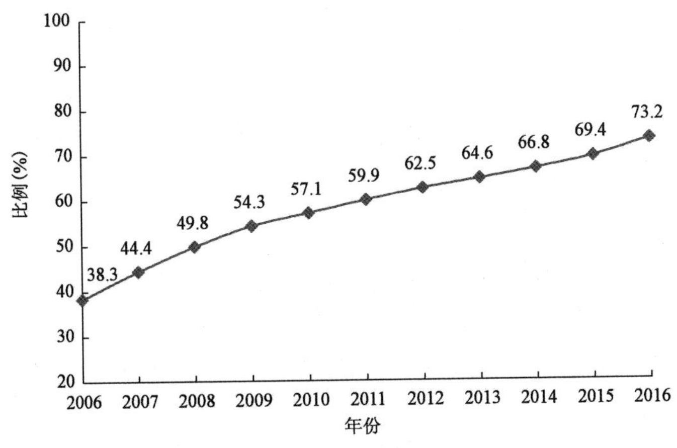

图1.8　农村公路硬化路率

截至2016年底，农村公路硬化路比例达到73.2%，比2006年的38.3%提高了约35%。

截至2016年底，全国37688个乡镇，仅有4个未通公路，乡镇通达率达到99.99%，521个乡镇未通硬化路，乡镇通畅率达到98.62%；全国635216个建制村，有826个未通公路，建制村通达率达到99.87%，有35285个未通硬化路，建制村通畅率达到94.45%。

2)管理养护方面

一是服务广大农民出行质量提升的能力明显增强。"县道县管、乡村道乡村管"的体系基本建立，"以县为主，分级负责，群众参与"的格局基本形成。截至2016年底，县、乡级管养机构设置率分别达到99.92%和92.85%，基本实现了"有路必管"，农村公路列养率达到97.5%，基本实现"有路必养"，优良中等路率达到80.7%，"养必到位"的步伐逐步加快。二是服务美丽乡村建设的能力明显增强。创建了一批"美丽乡村示范路"，把农村公路路域环境整治与改善人居环境结合起来，农村环境和村容村貌发生翻天覆地的变化，助推了宜居、宜业、宜游的"美丽乡村"建设。三是服务农村地区平安创建的能力明显增强。全国累计处置农村公路安全隐患路段超过22.1万km，改造农村公路危桥超过1.25万座，农村公路运行安全条件全面改善，因基础设施隐患原因导致交通事故的总量呈明显下降趋势。

3)运营方面

一是客运网络不断完善。全国农村客运站数量超过26万个，农村客运线路超过9.7万条,覆盖了3.5万个乡镇,57.4万个建制村,年平均日发110万班次,乡镇和建制村通客车率达到99.02%和95.37%,解决了5.7亿农民群众的出行问题,初步形成了以县城为中心、乡镇为节点、建制村为网点,遍布农村、连接城乡、纵横交错的农村公路客运网络。

二是物流覆盖范围不断扩大。农村快递网点乡镇覆盖率达到70%以上,各地交通运输、供销、邮政、商贸等部门通力合作,加快整合农村物流资源、搭建物流信息平台,积极推进县乡村三级农村物流服务体系建设,生产生活资料进城下乡更加便利。

1.4.2 发展经验

近十几年来,在国家及行业政策的引导下,各地在农村公路的发展过程中,结合本地区特点逐渐探索形成了一批可复制可推广的经验:

1)坚持政府主导

农村公路是为广大农民和涉农产业提供基本公共服务的基础性公益设施。农村公路标准低、分布广,日常养护、绿化美化、应急抢通等均为公益性项目,成本高、无利润,难以通过市场化的方法解决,只能由政府提供。实践表明,政府重视程度越高,农村公路发展就越好。

农村公路建设养护责任落实难、资金筹措难、机构和人员不到位,是困扰农村公路可持续发展的难题,解决的根本之策,就是将农村公路发展由行业行为向政府行为转变。各地相继出台了各项政策措施,不断完善法规制度和标准规范体系,为农村公路管理养护提供了强有力的法律和政策保障,主要包括以下几个层面:

(1)省级人民代表大会常务委员会及政府

①出台农村公路管理条例

辽宁、吉林、黑龙江、安徽、山东、河南、湖北、湖南、甘肃、四川、宁夏十一个省(自治区、直辖市)出台的专门的《农村公路管理条例》,以人大立法形式推动农村公路的健康发展。一些省份,例如山西、陕西、贵州,在《公路管理条例》中,有专门针对农村公路的篇章。

河南省于2010年颁布了《河南省农村公路条例》,明确了县级人民政府为本辖区农村公路建管养工作的责任主体;明确了省、省辖市分别按照本级财政一般预算收入1%、1.5%的比例列支农村公路养护工程补助资金;规定了县级财政应对农村公路日常养护资金按照需求进行安排,进一步强化资金保障。

河南省抓好《河南省农村公路条例》落实的主要做法:一是报请省人大开展执法落实大检查,有力促进了《河南省农村公路条例》的贯彻落实。2012年起省级财政资金开始按照规定的比例落实，之后连续 6 年按照规定的本级财政一般预算收入 1% 的比例，已列支农村公路养护资金 8.53 亿元；二是把市县两级落实《河南省农村公路条例》规定资金情况作为农村公路“好路杯”竞赛检查的重要内容，并将是否达到《河南省农村公路条例》规定的 1.5% 的比例作为“金杯”评选的必要条件之一。2008—2015 年，河南省连续举办了四届农村公路养护管理“好路杯”竞赛，竞赛采取市县全面自查和省抽查相结合的方式，每年组织一次全省统一检查，两年进行一届综合评比，评比结果在全省交通系统通报表彰。通过以上措施，使农村公路养护资金按照《河南省农村公路条例》规定得到逐步落实。

②出台专门农村公路管理、养护的相关管理办法

各地从省级层面，制定了“农村公路管理办法”或“农村公路养护管理办法”，以落实县级政府农村公路管理养护的主体责任，进一步落实地方政府管养职责、机构以及各级政府资金保障投入机制等。辽宁、上海、江苏、福建、山东、广西、新疆等省（自治区、直辖市）出台了农村公路管理办法。河北、山东、湖南、浙江、重庆、甘肃、宁夏、新疆、青海、西藏等省（自治区、直辖市）结合自身情况，制定出台了农村公路养护管理办法，以明确落实农村公路养护管理地方责任与资金投入等。

宁夏回族自治区强化行业管理职能，完善农村公路养管考评体系。2012 年修订了《宁夏农村公路养护管理检查考核办法（试行）》，共有八大项内容：综合评价、服务保畅、日常养护、养护工程、基础管理与养护技术、路政管理、资金管理、其他事项，通过 44 张检查考核评分表，完善了考核内容，细化了指标，增加了考核的可操作性。同时，自治区交通运输厅委托公路管理局每年在半年、年终两次对全自治区各市、县（区）农村公路养管情况进行检查，将检查结果在全自治区进行通报，并以地级市为单位，对每市在全自治区农村公路年终考核中的养护与路政优胜单位进行表彰。

江苏省注重完善指标体系，明确养护标准，为农村公路养护管理工作提供长效技术支持。江苏省交通运输厅公路局组织编写了《江苏省乡村公路小修保养操作规程》，规程所述内容通俗易懂、图文并茂、操作性强。另制定了《江苏省农村公路技术状况评定标准》《江苏省农村公路路面养护大中修工程技术指南》，明确了农村公路养护质量要求、质量等级、评定标准及评定方法，在全省试行。此外，还编写了《江苏省农村公路安全生命防护工程实施技术指南》，用以指导实施全省农村公路安全生命防护工程。

③出台农村公路管理养护体制改革实施意见

各地落实《农村公路管理养护体制改革方案》精神，结合自身情况，陆续出

台了管理养护体制改革的实施意见。但从出台年份来看，各地出台的《管理养护体制改革实施意见》主要集中在2006—2007年。

④出台相关监督、考核等办法

部分省份从省级层面出台了《督导考核办法》及《资金使用办法》。例如，河北、黑龙江、山东、吉林等省份，出台了《农村公路监督考核办法》健全完善省对市、市对县、县对乡镇的农村公路逐级监督考核标准体系。黑龙江、辽宁、河北等地出台了省级农村公路资金管理办法，规范农村公路资金管理。一些省份建立了资金补助分配与绩效考核结果相挂钩的资金管理使用机制。

(2)省级交通运输主管部门或公路管理机构

交通运输厅(厅公路局)主要从行业管理角度，着力从管理养护实施方案、督导考核、资金管理及技术规范等方面，出台相关行业管理的办法、规定、指南及技术规范。例如，江苏、宁夏、青海、新疆等地，出台了《农村公路养护管理考核办法》、细化了考核内容与指标，明确了考核主体、方式、办法，增强了考核操作性。对于资金使用管理方面，各地为规范资金使用、保障农村公路管理养护资金落实到位，通常采用省级交通运输厅与财政厅联合发文，出台农村公路管理养护省级补助资金管理办法。

(3)市、县

各地市、县(区)主要根据中央、交通运输部及省级政府、省级交通运输厅所出台相关政策和指导意见，进行细化落实，出台了涉及农村公路管理养护的细则与实施办法。部分地市制定出台了地方性法规或规范性文件。省级层面主导性政策越多，地方配套政策相对越多，从而有力推动了地方农村公路管理养护的发展。

2)加大财政投入

地方人民政府事权与财力不匹配，资金不足是农村公路发展面临的最主要问题。近年来，一些地方在加大公共财政投入，调动地方投入方面探索了很多经验。

(1)加大省级补资金力度，提高“7351”标准

多数省份，为加快农村公路发展，促进“四好农村路”建设，建立农村公路管理养护稳定资金保障机制，提高了“7351”标准，加大省级补助资金。其中，提高比例较大省份有浙江、陕西、江苏、甘肃等。例如：陕西省将省补农村公路养护工程费标准由“7351”提高到“1561”，即每年每公里县道15000元、乡道6000元、村道1000元。浙江省农村公路大中修省补资金按照每年每公里县道15000元、乡道8000元、村道1500元的标准转移支付至县级财政。

(2)落实县级主体责任，要求市县财政加大投入

多数省份从省级政府层面，出台了政策文件，要求市、县财政按照一定比

例、标准，对地方农村公路管理养护资金进行配套投入，推动县级主体责任落实，加大了市、县财政投入。

浙江省的农村公路大中修省补资金按照每年每公里县道15000元、乡道8000元、村道1500元的标准转移支付至县级财政。小修保养省补标准每年每公里1000元(不分等级)。县级财政投入小修保养最低标准为每年每公里县道4000元、乡道2000元、村道500元，乡级财政投入小修保养最低标准为每年每公里乡道1000元、村道500元。农村公路安保工程、危桥改造、乡级农村公路管理站规范化创建等养护工程统一纳入省级交通运输发展专项资金。

江苏省根据各地经济水平制定了地区差异化补助标准，苏南地区每年每公里县道10000元、乡道4000元、村道1000元；苏中地区每年每公里县道12000元、乡道每年每公里4500元、村道1100元；苏北地区每年每公里县道13000元、乡道5000元、村道1200元。

甘肃省要求县级财政按照县道每年每公里14000元、乡道每年每公里7000元、村道每年每公里2000元的标准筹措养护资金，省级、市级财政各按照县道每年每公里7000元、乡道每年每公里3500元、村道每年每公里1000元的标准筹措养护资金。

3)完善人员机构

(1)完善机构人员设置

各地正在按照省、市、县、乡分级管理的原则，逐步落实农村公路管养专门机构，逐步落实管养技术人员。多数省份的县级农村公路管理机构设有专岗编制，乡镇机构多为乡镇负责人兼任，并外聘1~3管理人员。农村公路管理养护机构的不断强化，为“四好农村路”的建设奠定了良好基础。

(2)落实基层机构人员经费

按照《国务院办公厅关于创新农村基础设施投融资体制机制的指导意见》(国办发〔2017〕17号)中提出的“完善农村公路建设养护机制，将农村公路建设、养护、管理机构运行经费及人员基本支出纳入一般公共财政预算”的有关要求，各地正在积极努力将农村公路管养机构及人员经费纳入地方财政，逐步落实。但是，一些地区由于人员经费没有来源，还存在从燃油税转移支付资金列支人员经费的情况。

重庆市全面实行“一委一局”管理模式。各区县按“一委一局”模式，在交通行政主管部门下设公路局，负责农村公路管养考核等工作。全面建立乡镇管养机构。市政府下发《关于进一步加强农村公路管理养护工作的意见》，全市850多个乡镇全部建立公路养护管理站，每个站配备专兼职人员2~3名，基本实现了“有路必养、养必到位”。市政府出台《关于进一步理顺公路养护管理体制的意见》，各区县将公路养护机构转为财政全额拨款事业单位，实现了机构稳、资金稳、人心稳，保障了全市农村公路管养工作扎实开展。

4）注重监督绩效，完善考核机制

各地对监督考核机制、方法、手段等方面进行了诸多有益的探索，以考核监督确保管养责任和资金保障到位，主要表现在以下四个方面。

(1)将考核成绩纳入省级政府对地方绩效考核

各地将农村公路发展、“四好农村路”建设、管理养护等考核成绩纳入省级政府对地方政府绩效考核。目前，全国已有20个省级政府将“四好农村路”主要指标纳入政府绩效考核，对农村公路的发展起到了积极推动作用，推动了行业行为向政府行为的转变。

(2)将考核成绩纳入省级交通运输厅对地方交通运输部门绩效考核

为加强行业管理，一些省份强化了行业主管部门的监督考核功能，将农村公路管养考核结果纳入到省级交通运输厅对地市交通运输部门的绩效考核。

(3)建立“以奖代补”的考核结果运用机制

大多省份为充分调动各市(县)加强农村公路管理养护工作的积极性，将农村公路管理养护考核结果进行有效的利用，积极建立“以奖代补”的资金管理使用机制。通过发挥省、市补助资金杠杆作用，不仅有力调动了地方积极性，而且最大限度地落实了县级财政对农村公路养护资金的配套责任。

(4)开展形式多样的专题竞赛、评比等活动

各地积极创新农村公路管理养护的激励办法，以主题活动为抓手，开展了形式多样的专题竞赛、评比活动。通过公正竞赛评比方式，树立标杆和楷模，调动各地争创优先的积极性，有效发挥典型带动的积极作用。

5）持续改革创新，增强发展动力

有效发挥群众在农村公路管理养护中的作用。各地积极发挥群众在农村公路管理养护中作用，着力从“发挥群众监督”“群众性养护”与“群众主题养护活动”三个方面，充分发挥广大群众在农村公路管理养护中的监督、养路与护路作用。按照“专业化养护与群众性养护”相结合的方式，鼓励将普通乡村道路承包给沿线群众，促进农民就业与增收，助推沿线贫困人口脱贫。

湖南省出台了《湖南省农村公路水泥路“群众性养护”体系建设的指导意见》，构建“村实施四个一、乡做到查四季、县负责成体系”的农村公路水泥路“群众性养护”体系基本框架。即：村委会做到有“一个工作制度，一名专门人员，一本养护手册，一套简易工具”，每个月组织进行一次路况巡查，完成路况管理及初期病害处治工作。在技术上，组织开展了“乡村公路水泥路面接缝简易修补成套技术的应用研究”，开发了一套适合“群众性养护”的简易水泥路面

接缝修补工艺和工具，以便及时有效地解决重点易损路段的水泥路面修补工作。

贵州省积极探索养护扶贫工作，通过"1234"的工作措施助推精准脱贫，即"一个主体、两条路径、三个环节、四千收入"，分别是将建档立卡的贫困户作为养护扶贫工作的主体对象；以日常养护为主，专业养护为重要补充，两条路径齐抓共进；通过三个重要环节分别明确县级交通运输局及其公路管理所、乡(镇)以及农村公路养护扶贫专业合作组的责任权利和义务；每名贫困户负责6~7公里养护，可以实现4000元的年收入。

贵州省在全国率先实施了农村公路"建养一体化"服务模式，省人民政府于2015年出台了《贵州省"十三五"农村公路"建养一体化"服务项目实施方案》，选择了7家央企负责实施项目建设、融资和5年的养护，不仅提高了农村公路建设质量，而且还解决了农村公路养护人员和养护经费长期投入不足问题。

福建省地处东南沿海，受亚热带海洋性季风气候影响，山洪、暴雨、台风等自然灾害频繁，养护经费难以满足公路灾毁修复需要。2010年起，在上杭等10个县(区)探索试点了农村公路灾毁保险，交通部门按照水毁损失赔偿限额的1‰费率缴交保费，对管辖范围的农村公路路线及沿线养护设施进行投保。发生灾毁时，保险机构按合同约定支付灾毁抢通和修复费用，以丰补欠，分摊风险，减轻水毁修复资金压力。2016年省政府出台了《全省推行农村公路灾毁保险的指导意见》，在全国率先推行农村公路灾毁保险补助机制，2016年，福建多地遭受台风、暴雨等巨灾，参保县的灾毁赔付率平均达212%。

1.4.3 存在问题

我国农村公路的发展取得了巨大的成绩，但与全面建成小康社会的目标要求相比，还存在以下差距：

1)建设方面

一是县级层面的农村公路发展规划不清。国家层面已经出台了农村公路的发展规划，但农村公路的责任主体是县级政府，而在县级层面尚缺少相关的发展规划，缺乏对县域内农村公路发展的有效指导。同时随着农村公路路网的不断完善、建制村通畅率的不断提升以及农民群众出行需求的不断提升，农村公路的需求也是不断提升的，如由建制村向自然村延伸、产业路旅游路建设等，因此县级的农村公路发展规划也应该是不断地进行动态调整和完善。

二是农村公路建设标准不高，先天不足问题突出。受资金紧张等因素影响，我国省级农村公路多按照"先通后畅"的原则建设，采用三、四级公路的低限标准,有的路线指线形指标以及路基路面宽度甚至达不到四级路标准,路面结构薄,结构类型单一,桥涵改造也不同步,排水系统、安保设施及其他沿线设施等配备不到位。农村公路抗灾能力弱,安全保障能力有限,先天不足问题突出。而且贫困地区通达通畅任务依然艰巨,且大多处于山大沟深困难地区,投资大、建设难度大。

三是建设资金不足,存在安全质量风险。目前,建设改造规模大,资金需求大,虽然国家逐步加大投入比重,但各地财政条件差异较大,大多数地方配套资金不能足额落实,造成建设资金缺口大。建设投入不足也造成潜在的质量安全风险。同时,农村公路上还存在大量的危险桥梁。据统计,截至 2016 年底,我国农村公路四、五类桥梁共计 64965 座,占农村公路桥梁总数 13.4%,这类桥梁降低了农村公路运行的安全性及通行能力,急需进行加固改造。

2)养护管理

一是农村公路管养资金缺口较大。目前,我国超过 80% 的农村公路是在 2005 年前修建的,早已进入养护高峰期,而且随着农村交通的快速发展和村村通客车的快速延伸,现有农村公路升级改造和安全保障工程建设任务非常繁重。据统计,2009—2012 年我国农村公路年均养护资金为 321 亿元,而实际需求达到 1070 亿元,存在约 70% 的资金缺口。据测算,2013—2020 年农村公路养护资金年均需求约 1843 亿元,而年均投入资金仅能达到 672 亿元,资金缺口仍高达 64%。长此以往,多年的建设成果将大打折扣,农村公路很难走上可持续发展的良性轨道。

二是农村公路安全保障能力严重不足。农村公路大都具备投资规模小、建设标准低、线路分布广等特点,在大规模建设期间,受资金问题制约,农村公路安保设施等附属配套设施不到位。近年来,伴随着农村客运的蓬勃发展,农村公路安全保障问题日渐成为社会关注的焦点,虽然部分地区千方百计筹集资金,就部分事故黑点路段实施了安保工程建设,但全国总体仍存在较大欠账。

三是农村公路保护急需加强。部分农民群众爱路护路意识淡薄,落后的交通行为习惯与日益复杂的交通环境不相适应,在“要想富,紧靠路”的思想支配下,部分农村的建筑格局基本上沿农村公路铺开,违法建筑在公路红线控制区内不断出现,农村公路上占道经营、乱堆乱放、打谷晒粮等现象屡见不鲜,农村公路路产路权急需维护。另外,超载车辆绕开国省干线检测站点开始向农村公路转移,出现了“不走省道走县道”“不走大路走小道”的现象,给建设标准相对较低的农村公路造成了严重的损害。同时,由于农村公路管理力量薄弱,导致农村公路未能得到有效保护。

四是农村公路养护保障能力薄弱。我国大部分农村公路日常养护采用的仍是手工作业，特别是村道养护大部分是由村委会自发组织村民进行的。由于缺少专职管养队伍，缺少专业技术人才，导致绝大部分农村公路养护工作仅限于路面保洁、培路肩等工作，养护工艺粗放、设备简陋，技术水平较低。对于像桥涵、隧道等养护技术要求较高的构造物，由于技术力量薄弱，导致农村公路大部分桥梁无法进行有效养护。农村公路预防性养护及其他新技术、新材料在养护实践中因成本等原因，得不到广泛推广和运用。部分地区农村公路养护管理机构不健全，同时管理人员为乡镇政府兼职人员，没有正式岗位和编制，与压力日益增大的农村公路养护管理工作之间存在较大矛盾，不利于农村公路长期的持续健康发展。

3）*运营方面*

一是农村公路客货运输站点的使用效益有待进一步提升，由于农村产业类型的不同，对客运和货运的需求也不一样，农村公路客货运站点、班线的布设要综合考虑客货运输需求，提升综合使用效益。

二是农村公路服务设施建设还存在较大差距。近年来，乡村旅游迅速发展，但乡村基础服务设施尤其是农村公路相关的服务设施，如路侧休息区、停车区等严重不足，还不能很好地适应社会公众的出行需求。

1.5 “四好农村路”建设

习近平总书记多次就农村公路发展作出重要指示批示，指出“交通基础设施建设具有很强的先导作用，特别是在一些贫困地区，改一条溜索、修一段公路就能给群众打开一扇脱贫致富的大门。”“贫困地区要脱贫致富，改善交通等基础设施条件很重要，这方面要加大力度，继续支持。”2014 年 3 月 4 日，总书记就农村公路建设作出重要批示，强调：“农村公路建设要因地制宜、以人为本，与优化村镇布局、农村经济发展和广大农民安全便携出行相适应，要进一步把农村公路建好、管好、护好、运营好，逐步消除制约农村发展的交通瓶颈，为广大农民脱贫致富奔小康提供更好的保障。”近期，总书记再次叮嘱交通运输部，“要想富，先修路”不过时，“四好农村路”的建设是总结经验，特别是成功经验所提出的，你们要继续努力，认真落实，久久为功。

习近平强调，近年来，“四好农村路”建设取得了实实在在的成效，为农村特别是贫困地区带去了人气、财气，也为党在基层凝聚了民心。

习近平指出，交通运输部等有关部门和各地区要认真贯彻落实党的十九大精神，从实施乡村振兴战略、打赢脱贫攻坚战的高度，进一步深化对建设农村公路重要意义的认识，聚焦突出问题，完善政策机制，既要把农村公路建好，更要管好、护好、运营好,为广大农民致富奔小康、为加快推进农业农村现代化提供更好保障。

习总书记作出批示以后,交通运输部于2015年印发了《交通运输部关于推进“四好农村路”建设的意见》,在全国部署开展“四好农村路”建设工作。2015年9月、2016年11月和2017年8月,交通运输部分别以建好、运营好和护好为主题在甘肃庆阳、湖北竹山和山东临沂召开了“四好农村路”全国现场会,2018年9月还将以管好为主题再次召开全国现场会。同时,自2016年开始,在全国组织开展了“四好农村路”督导调研活动;自2017年开始,组织开展了“四好农村路”全国示范县创建。交通运输部的一系列举措,有力促进了“四好农村路”建设活动的全面开展。

1.5.1 “四好农村路”建设目标

《交通运输部关于推进“四好农村路”建设的意见》明确了“四好农村路”的建设目标:推进“四好农村路”建设,要着力从“会战式”建设向集中攻坚转变,从注重连通向提升质量安全水平转变,从以建设为主向建管养运协调发展转变,从适应发展向引领发展转变。通过转变发展思路和发展方式,实现农村公路路网结构明显优化,质量明显提升,养护全面加强,真正做到有路必养;路产路权得到有效保护,路域环境优美整洁,农村客运和物流服务体系健全完善,城乡交通一体化格局基本形成,适应全面建成小康社会和新型城镇化要求。

1.5.2 “四好农村路”的科学内涵

“四好农村路”是习总书记心系广大农民生产生活、着眼农村脱贫致富所提出的重要发展战略,是马克思主义人民观的重要体现,是“坚持发展为了人民、发展依靠人民、发展成果由人民共享”的具体实践。认识和把握“四好农村路”的科学内涵,可以从系统性、辩证性、时代性三个方面加以探析。

1)从系统性把握“四好农村路”的科学内涵

“四好农村路”的系统性主要体现在任务和功能的有机统一。一是从目标实现来看,体现的是任务上的有机统一,“建好”“管好”“护好”“运营好”都是相对独立的小系统,每个小系统都是一个独立的业务运行板块,但从最终目标价值来看,又是一个有机整体。二是从模块作用来看,体现的是功能上的有机统一,“建好”是基础系统,为发展提供基础支撑;“管好”是保障系统,为发展提供可靠保障;“护好”是动力系统,为发展提供坚实动力;“运营好”是服务系统,是发展的目标导向,又为整体系统提供需求反馈。

2)从辩证性把握“四好农村路”的科学内涵

一方面,“建好”“管好”“护好”“运营好”是内在统一的整体,其中建好是基础,管好是重点,护好是关键,运营好是目的,建管养运之间相互联系、相互作用、相辅相成,如果建设不好,会给管理和养护带来巨大压力,甚至先天存在的重大缺陷难以有效弥补,给运营带来安全隐患;如果管理和养护不到位,路况水平和服务能力将迅速下降,进而影响运营的正常开展;如果运营不好,基础设施的功能效益将难以发挥。另一方面,“建好”“管好”“护好”“运营好”又是相对独立的个体,工作内容不同、体制机制不同、业务流程不同、考核体系不同,建设得好不见得管理、养护得好,管理、养护得好不见得运营得好。

3)从时代性把握“四好农村路”的科学内涵

任何一项重大发展战略的形成与出台,都是基于历史、现实与未来的有机统一。虽然经过多年发展,农村公路建设取得了一定成绩,但与全面建成小康社会的要求相比,还存在交通运输网络有待优化、养护管理长效机制有待健全、主体责任不够明确、交通运输安全工作有待改进等诸多问题,“四好农村路”正是在全面深化改革的时代背景下,给出了系统性、整体性、协同性的解决思路。它不是凭空产生的,而是具有深厚的历史渊源、现实基础和对未来科学研判的积淀。它也不是固定不动的,而是与时俱进、动态发展的。

1.5.3 “四好农村路”的发展方向

习总书记关于“四好农村路”的发展战略一经提出,交通运输部门迅速贯彻落实,出台了《交通运输部关于推进“四好农村路”建设的意见》,从4个方面安排了16项具体工作任务,对“四好农村路”建设工作进行了全面部署。全国各地纷纷组织开展“四好农村路”建设活动,不断加大政策支持和资金投入力度,营造出“赶学比超”的农村公路发展氛围。总结成功经验,坚持问题导向,下一步,“四好农村路”的发展可从以下四个方面重点发力:

1)聚焦重点,继续“建好”农村路

“十三五”期间,按照中央精准扶贫的要求,把集中连片特困地区和革命老区、国家级贫困县、边境县、少数民族县等扶贫攻坚任务重的地区作为重点,加大中央资金支持力度,从实际出发解决好通达通畅问题,确保到2020年,实现100%的乡镇和具备条件的建制村通硬化路、通班车的目标。

2)落实责任,努力“养好”农村路

制定出台《“四好农村路”考评办法》和相应的考核办法,推动建立“县为主体、行业指导、部门协作、社会参与”的养护工作制度,切实实现到2020年“有路必养”的目标,且优良中等路的比例不低于75%,努力做到“养必到位”。

3)依法治路,积极“管好”农村路

按照建立事权与支出责任相适应的财税体制改革要求,改革农村公路管理体制,实现到2020年,基本建立县有路政员、乡有监管员、村有护路员的路产路权保护队伍。同时,按照《国务院办公厅关于改善农村人居环境的指导意见》的新部署,开展路域环境整治,打造“美丽农村路”,创造“畅安舒美”的交通环境。

4)统筹协调,全面“运营好”农村路

推进城乡交通一体化进程,因地制宜、完善政策,统筹规划建设好农村客货运输场站,鼓励有条件的地方发展城乡公交,全面提升农村物流整体服务水平,到2020年,实现城乡道路客运一体化发展水平AAA级以上的县区超过60%,基本建成覆盖县、乡、村三级的农村物流网络。

第2章　建　设　好

建设好是“四好农村路”的基础。2003 年我国开启了农村公路大建设模式,农村公路的规模迅速扩大,内联外通的路网结构基本形成。但在全面建成小康社会和脱贫攻坚的战略要求下,农村公路建设的内涵发生了新的变化,也有了新的要求。

2.1　建设目标

2.1.1　建设好的内容

根据《交通运输部关于推进“四好农村路”建设的意见》,建设好农村公路的主要内容如下:

坚持因地制宜、以人为本,使农村公路建设与优化城镇布局、农村经济社会发展和广大农民安全便捷出行相适应。加快完成中西部地区和集中连片特困地区建制村通硬化路任务,加快溜索改桥和渡口改造进度,加大农村公路安保工程和危桥改造力度。到 2020 年,乡镇和建制村通硬化路率达到 100%。同时,有序推进农村公路改造、延伸和联网工程建设。充分发挥先行官作用,促进新型城镇化和农业现代化进程。

新改建农村公路应满足等级公路技术标准。四级公路宜采用双车道标准,交通量小或困难路段可采用单车道,但应按规定设置错车道。受地形、地质等自然条件限制的村道局部路段,经技术安全论证,可适当降低技术指标,但要完善相关设施,确保安全。按照保障畅通的要求,同步建设交通安全、排水和生命安全防护设施,改造危桥,确保“建成一条、达标一条”。到 2020 年,县乡道安全隐患治理率基本达到 100%,农村公路危桥总数逐年下降。

加强农村公路建设管理。各级交通运输主管部门要强化建设市场监管和质量、安全督导,保障质量监督检测能力和条件。切实落实农村公路建设“七公开”制度,加强行业监管,接受社会监督。建设管理单位要落实建设资金和专业技术管理人员,明确质量和安全责任人,切实落实质量安全责任,确保工程质量和使用寿命,特别要加强对桥隧和高边坡施工的质量安全管理。采取“以奖代补”形式的项目,应纳入行业监管范围,执行基本建设程序。到 2020 年,新改建农村公路一次交工验收合格率达到98%以上,重大及以上安全责任事故得到有效遏制,较大和一般事故明显下降。

2.1.2 建设好的要求

根据《"四好农村路"督导考评办法》,建设好以资金投入和行业管理为考评重点,主要包括以下几个方面:建设资金筹集、建设任务落实和服务农村经济社会发展情况;生命安全防护和危桥改造工程开展情况;行业监督管理和基本建设程序规范情况,建设质量管理的制度体系完善情况,整改措施落实和建设标准、质量达标等情况;"三同时"和"七公开"制度落实情况。

"七公开"主要包括:①建设计划。省(区、市)、市(地、州、盟)、县(市、区)、乡(镇)、村农村公路建设计划按层级公开。②补助政策。公开农村公路建设资金补助政策,包括县、乡、村道及危桥改造、安保工程等的补助标准和资金。③招投标。符合招标条件的农村公路建设项目,应公开建设规模、技术标准、招标方式、标段划分、评标方法、中标结果、监督机构等。④施工管理。公开工程概况、施工许可(以年度计划替代施工许可的小型项目除外)、参建单位(建设单位、设计、施工、监理等)、岗位职责、质量安全控制、进度计划、主要原材料等信息。⑤质量监管。公开质量管理单位或监督机构、主要职责、质监负责人、联系方式、检查内容及方法、检查结果等。聘请村民监督员的,相关信息也同时公开。⑥资金使用。公开建设资金筹措、资金来源、资金到位、拨付情况等。⑦工程验收。公开工程验收方式、评定结果、竣(交)工验收鉴定书等。

"三同时"是指公路交通安全设施与主体工程同时设计、同时施工、同时投入使用。

2.2 建设规划

规划是农村公路建设的重要前提,随着建设任务的逐步完成,农村公路建设逐步进入新常态,一方面是建设重心从东中部地区向西部山区转移,另一方面是原有道路的改扩建需求不断增加。因此,需要科学合理的规划来指导和引导农村公路建设。

2.2.1 农村公路建设规划

2005 年,国务院审议通过了《农村公路建设规划》。规划提出,到2020 年农村公路建设的总体目标是具备条件的乡(镇)和建制村通沥青(水泥)路,基本形成较高服务水平的农村公路网络,使农民群众出行更便捷、更安全、更舒适,适应全面建设小康社会的总体要求。具体目标是到 2020 年,农村公路里程达到 370 万 km。据交通运输部统计,2016 年底我国农村公路总里程达到 396 万 km,已全面完成规划目标。

2.2.2 “十三五”交通扶贫规划

为了更好地服务于脱贫攻坚和全面小康,2016 年交通运输部发布了《“十三五”交通扶贫规划》,提出进一步加强贫困地区交通基础设施建设,提升运输服务能力和水平,强化安全保障能力和管理养护效能,力争到 2020 年,贫困地区全面建成“外通内联、通村畅乡、班车到村、安全便捷”的交通运输网络,总体实现“进得来、出得去、行得通、走得畅”。具体指标如表 2.1 所示。

“十三五”期贫困地区公路交通主要发展指标 表 2.1

指　　标	2015 年	2020 年
县城通二级及以上公路比例(%)	92	98
乡镇通硬化路比例(%)	98	100
建制村通硬化路比例(%)	88	100
乡镇通客车率(%)	97	100
建制村通客车率(%)	83	100
县城建有二级及以上客运站比例(%)	60	80
具有农村客运始发班线的乡镇建有客运站比例(%)	85	100

注:1. 100% 是针对具备条件的县城、乡镇和建制村。

2. 上述目标不包含西藏。

“十三五”期交通扶贫覆盖范围包括集中连片特困地区、国家扶贫开发工作重点县,以及以上范围之外的一批革命老区县、少数民族县和边境县,共 1177 个县(市、区)。各级交通运输部门要统筹规划,促进“点”与“面”“内”与“外”“城”与“乡”交通运输协调发展;坚守底线,推动交通运输基本公共服务向革命老区、民族地区、边疆地区、连片特困地区延伸;精准施策,合理制定交通扶贫目标和重点,推动“交通 + 特色产业”“交通 + 电商快递”等扶贫新模式;因地制宜,实现交通发展与自然环境和谐统一;明确地方政府的责任主体地位,中央和地方合力推进交通扶贫脱贫攻坚。

“十三五”期,交通扶贫脱贫攻坚将重点实施骨干通道外通内联、农村公路通村畅乡、安全能力显著提升、“交通 + 特色产业”扶贫、运输场站改造完善、水运基础条件改善、公路管养效能提高和运输服务保障提升八大任务。支持贫困地区建设 1.6 万 km 国家高速公路和 4.6 万 km 普通国道,实现贫困地区国家高速公路主线基本贯通，具备条件的县城通二级及以上公路；力争提前1年完成托底性的建制村通硬化路建设任务，解决贫困地区2.45万个建制村、2.1万个撤并建制村通硬化路；支持贫困地区约3.16万km资源路、旅游路、产业路改造建设；支持贫困地区改造建设150个县级客运站和1100个乡镇客运综合服务站，实现所有乡镇和建制村通客车。

2.2.3 农村公路建设规划编制

农村公路的责任主体是地方政府，因此各地农村公路建设规划应在国家相关规划的基础上，由县级以上地方人民政府交通运输主管部门负责编制，并根据农村公路建设规划、资金规模等因素，编制农村公路建设规划项目库。同时，农村公路规划应当符合国民经济和社会发展规划、土地利用总体规划、城乡规划和生态环境保护规划，与交通运输发展规划相协调，与农村客货运输需求相适应。

其中，县道规划及其项目库由县（市、区）人民政府交通运输主管部门会同有关部门编制，经本级人民政府审定后，报上一级人民政府批准。乡道、村道规划及其项目库应由县（市、区）人民政府交通运输主管部门协助乡（镇）人民政府编制，报县（市、区）人民政府批准。县道、乡道、村道规划及其项目库，应当报批准机关的上一级人民政府交通运输主管部门备案。

农村公路建设规划可按照"分层设计、逐步延伸、总体规划、分期实施"的原则。规划时需考虑的主要因素有：

（1）乡镇和建制村公路通达通畅情况。根据干线公路和农村公路的分布情况，对不通公路或不通硬化路的乡镇和建制村的农村公路建设项目，优先纳入发展规划，确保2019年底具备条件的乡镇和建制村全部通畅。

（2）自然村通达通畅情况。对完成建制村通达通畅任务的，合理推动农村公路向一定规模的自然村延伸，规划时要考虑自然村的人数、户数、位置、规模等分步骤分层次推进。

（3）等外路和低等级公路升级改造。辖区内不满足公路工程技术标准的等外路，或不能满足交通出行需求的低等级公路（如单车道四级路）进行升级改造或改扩建。

（4）农村公路网化工程及产业路、旅游路建设。根据乡镇、村庄的分布位置以及国省干线公路的走向等等，加快推进农村公路网络化，形成区域内微路网。同时，根据经济发展特点以及支柱产业的需求等，围绕产业园、工厂、全域旅游等推进产业路、旅游路建设。

（5）桥梁、涵洞和隧道改造。逐步消除农村公路上的四五类桥梁、隧道和危险涵洞,提升安全通行能力,并对路桥不同宽的窄桥进行改造,消除交通瓶颈。

(6)交通安全设施改造。结合生命安全防护工程的要求,加快现有农村公路道路安全隐患点的排查治理,逐年进行改造。

(7)路面铺装多元化。根据道路的功能和要求,在确保晴雨通车的情况下,合理确定路面类型及结构形式,避免采用单一的沥青混凝土或水泥混凝土路面,可根据实际情况采用弹石路面、块石路面、卵石路面等。

(8)灾害防治工程。农村公路的防灾能力低,对于农村公路中的路基防护、沿河路堤防护,要加强防护设施,提升抗灾防洪、防塌方的能力,可以按照逐步解决的思路,每年纳入规划一部分,直至全部解决。

(9)进村入户工程。农村公路规划还要充分考虑进村入户工程。但从道路定义看,农村公路不包含村组道路,因此进村入户工程可以由交通运输部门实施,但管理及后期的养护则不属于交通运输部门的职责,可在县乡政府的支持下,由村委会作为进村入户工程的建设主体,后期组织村民进行自养,县级交通运输部门可在一定程度上给予支持,但不能将其纳入到交通运输部门养护管理的考核范围。

2.3 建设资金

农村公路的建设资金应该是全口径的资金,包括路基、路面、桥涵、交通安全设施等。在进行方案设计时,要将所有构件或部件纳入到设计中,确保项目预算包含全部的建设内容。

2.3.1 建设资金来源

《农村公路建设管理办法》(交通运输部令 2018 年第 4 号)规定,农村公路建设应当逐步建立健全以财政投入为主、多渠道筹措为辅的资金筹措机制。

1)中央财政投资

中央财政投资主要包括中央车购税和地方政府投资。根据《车辆购置税投资补助一般公路建设项目计划管理办法》(交规划发〔2016〕238 号)要求,车购税补助农村公路的资金可用于以下几个方面:乡(镇)、建制村和撤并建制村通硬化路建设;窄路基路面农村公路拓宽工程;农村公路安全生命防护工程;农村公路危桥(隧)改造;交通扶贫规划支持的“资源路、旅游路、产业路”新改建工程;农村客货运站场相关项目;农村公路渡口改造、渡改桥相关项目;其他农村公路建设。

2)地方财政配套

地方财政配套资金主要包括地方各级政府财政预算资金和其他资金。地方财政配套资金的标准、方式等由各地政府根据实际情况确定。福建省建立了与技术等级和行政等级相匹配的补助体系,省级补助总体提高了50%～100%;浙江省根据路线行政等级按照里程进行定额补助;山东省省级财政按照每个行政村12万元的标准实施定额补助。

农村公路的责任主体是地方政府,因此地方财政配套资金应是农村公路建设资金的主要来源,在目前建设资金不足的情况下,省、市、县三级政府要尽力而为、量力而行,一方面要合理确定农村公路的规划规模,另一方面要加强财政资金支持。

3)村民委员会筹措

主要由村民委员会筹措建设资金,但农村公路建设不得增加农民负担,不得损害农民利益,不得采用强制手段向单位和个人集资,不得强行让农民出工、备料,确需农民出资、投入劳动力的,应当由村民委员会征得农民同意。

4)社会捐资

鼓励农村公路沿线受益单位捐助农村公路建设;鼓励利用冠名权、路边资源开发权、绿化权等方式筹集社会资金投资农村公路建设,鼓励企业和个人捐款用于农村公路建设。

2.3.2 中央投资补助标准

《车辆购置税投资补助农村公路建设计划管理办法》(交规划发〔2011〕306号)规定了车购税用于农村公路建设的补助标准,具体如下:

(1)中西部地区建制村通沥青(水泥)路建设项目:西部"少边穷"地区(含享受西部政策"少边穷"地区)每公里补助标准20万～40万元;其他地区每公里补助15万～30万元。

(2)西部地区乡(镇)通沥青(水泥)路建设项目:每公里补助标准40万～70万元。

(3)国有农林场和华侨农场通沥青(水泥)路建设项目,相当于建制村节点的,东、中、西部地区每公里分别补助上限20万元、25万元、30万元;相当于乡(镇)节点,东、中、西部地区每公里分别补助上限为40万元、50万元、60万元。

(4)除上述规定的建设类别外,其他建设类别东、中、西部地区车购税补助上限分别为工程造价的45%、60%、75%。

2016年,交通运输部发布的《"十三五"交通扶贫规划》中对集中连片特困地区、国贫县、革命老区县、少数民族县和边境县的补助政策进行调整,具体如表2.2所示。

贫困地区农村公路中央投资补助标准　　表2.2

类别		平均工程造价	中央投资补助标准	
			西藏、南疆四地州	连片特困地区、国贫县、其他“老少边”县
乡镇通硬化路(万元/km)		180/150	西藏180,新疆150,四川100	
建制村通硬化路(万元/km)		90/80	90/80	60/65/70
窄路基路面加宽改造(万元/km)		22	22	13
村道安全生命防护工程建设(万元/km)		14	14	10
危桥改造(元/m^2)	加固	2400	2400	1600
	重建	5500	5500	3800
撤并村通硬化路(万元/km)		50/70	50	40
云南省“直过民族”地区自然村通硬化路(万元/km)		45	—	25
资源路旅游路建设(万元/km)		200/230	200	160

2.4　建设标准

农村公路技术标准的选择可参照以下原则:县道采用二级及以上标准,乡道采用三、四级标准,村道采用四级标准,桥梁可采用公路二级的标准,但有好多地方因为资金、地质、地形条件约束,达不到标准,甚至达不到现行最低标准,此时可考虑对标准进行调整,调整的标准将在下文中详述。对达不到四级公路技术标准,但可满足相关规定调整标准的,仍可按照四级路进行统计,如果达不到调整标准要求的,则纳入等外路的统计里程中,该类路段要逐步纳入到建设规划中进行改造。

2.4.1　考虑因素

公路服务的交通量、车辆类型、行车速度等是制定相应技术标准的基础依据。由于交通需求的差异,农村公路上,特别是一些困难地区的乡道和村道上,主要车辆类型、行车速度和交通量与干线公路存在显著差异。我国《公路工程技术标准》(JTG B01—2014)所依据的主要车辆类型、行车速度和交通量等基础参数,均来自于干线路网,与农村公路的现状存在较大差距。在农村公路建设中,一方面简单参照《公路工程技术标准》,将带来一些实际困难和投资的浪费,另一方面受到地质地形条件的限制,农村公路的线形指标无法严格达到《公路工程技术标准》的要求。

2.4.2 技术指标调整

为了指导农村公路建设,2004 年交通部印发了《农村公路建设指导意见》(交公路发〔2004〕372 号),其中规定当农村公路建设受到地形、地质等自然条件和经济条件限制时,技术指标无法完全达到等级公路标准的路段(简称受限路段),可按照《农村公路建设指导意见》提出的暂行技术要求执行,同时要加强交通安全设施设置。

对于达不到四级公路标准的情况,可按照《农村公路建设指导意见》进行调整,主要指标与我国现行公路工程技术标准的对比如下所示。同时,《农村公路建设指导意见》中提出的指标也正在进行修正,待修正后要按新标准执行。

1)设计速度

《公路路线设计规范》(JTG D20—2017)中规定:四级公路设计速度宜采用 30km/h,受地形、地质等条件限制时,可采用 20km/h。

《农村公路建设指导意见》规定受限路段的设计速度可采用 15km/h,回头曲线设计速度可采用 10km/h。

2)视距

《公路路线设计规范》(JTG D20—2017)中规定:设计速度为 20km/h 时,停车视距不小于 20m,会车视距不小于 40m,超车视距一般情况下为 100m,条件受限时可采用 70m。

《农村公路建设指导意见》规定受限路段停车视距不应小于 15m,会车视距不应小于 30m,超车视距不应小于 80m。

3)圆曲线半径

《公路路线设计规范》(JTG D20—2017)对于圆曲线的规定如表 2.3 所示。

圆曲线最小半径(设计速度为 20km/h)　　表 2.3

一般值	极 限 值		
30m	最大超高 4%	最大超高 6%	最大超高 8%
	20m	15m	15m

《农村公路建设指导意见》规定设计速度采用 15km/h 时,圆曲线最小半径不应小于 15m,当采用最小半径时,纵坡不应大于5%,超高不应大于6%。设计速度采用 10km/h 时,最小半径不应小于 10m,超高和加宽缓和段最小长度不应小于 15m,单车道路面加宽最小值不应小于 2.5m,纵坡不应大于 5.5%,超高不应大于6%。

4)纵坡

《公路路线设计规范》(JTG D20—2017)规定设计速度为 20km/h 时,最大纵坡为9%，改扩建公路利用原有公路的路段，经技术经济论证，最大纵坡可增加1%，海拔2000m以上或积雪冰冻地区的路段，最大纵坡不应大于8%。

《农村公路建设指导意见》规定新建公路最大纵坡不宜大于10%，改建公路最大纵坡不宜大于12%，特殊情况下可视当地条件确定；海拔2000m以上或积雪冰冻地区最大纵坡不应大于8%。

对于受到客观条件限制，仍达不到《农村公路建设指导意见》规定的相关标准，需进一步降低局部路段的技术指标时，应组织相关单位和专家进行专门的论证，同时要加强安全防护设施设置。

2.5 建设项目管理

过去十几年是我国农村公路发展史上完成投资最多、建设速度最快、发展质量最好、发展成效最大的一个时期。各级交通运输主管部门深入贯彻落实科学发展观，按照党中央、国务院决策部署，全力推进农村公路快速发展，取得了瞩目的成绩。但是当前，农村公路建设仍然存在区域发展不平衡、基础不牢固、安全设施少、建设质量安全有待提高等突出问题。特别是集中连片特困地区、西藏和四省藏区、新疆南疆三地州以及边远和少数民族地区的农村公路建设任务仍然较重，是当前农村公路建设的"硬骨头"。

2.5.1 建设管理要求

2006年交通部以3号令发布了《农村公路建设管理办法》，对规范农村公路建设起到了重要作用。但近年来，随着事权划分和财税预算体制改革的逐步实施，以及《国务院关于加强道路安全的意见》《交通运输部关于推行农村公路建设"七公开"制度的意见》《交通运输部关于推进"四好农村公路"建设的意见》等涉及农村公路建设的重要文件的颁布实施，对农村公路建设提出了新的要求。对此，交通运输部建设对《农村公路建设管理办法》进行了修改，并以交通运输部2018年第4号令发布。

1)进一步明确农村公路建设主体责任

按照《国务院办公厅印发农村公路管理养护体制改革方案的通知》国办发〔2005〕49号的要求，农村公路的事权在县级人民政府，其重要职责是组织实施农村公路建设规划。因此，按照农村公路事权划分和行业管理职责，区分县、乡、村道，进一步梳理明确了省、市、县、乡各级人民政府在农村公路建设项目规划、计划、组织、管理、验收等工作的责任，提高管理效率。

2)进一步规范农村公路建设标准

受我国地形、地质自然条件和贫困地区经济发展水平等因素的限制，农村公路全部按等级公路建设难度较大。在2015年全国交通扶贫工作会议中时任交通运输部部长杨传堂提出，“因地制宜地确定建设方案和建设标准。县道不刻意追求高等级，可根据需要建设一些‘不一不二’‘不二不三’的路。乡道公路在确保安全的前提下，宜宽则宽、宜窄则窄、宜砂则砂、宜油则油。”《交通运输部关于推进“四好农村公路”建设的意见》中也提出“受地形、地质等自然条件限制的村道局部路段，经技术安全论证，可适当降低技术指标。”因此，明确农村公路建设应当根据实际情况，合理确定公路技术等级，并符合有关标准规范和省级以上交通运输主管部门相关要求。

3）进一步加大促进农村公路建设的群众监督力度

一直以来，农村公路建设总量规模大、单体工程小、项目分散的特点，导致了农村公路建设管理难、质量监控难、资金监管难等问题。2014年，交通运输部出台了《关于推行农村公路建设“七公开”制度的意见》，通过推行“七公开”制度，主动接受社会监督，有效地规范了农村公路建设管理，加强了工程质量与施工安全控制。因此，根据“七公开”制度的相关精神，鼓励群众代表参与农村公路建设质量和安全监督工作，加大农村公路建设的群众监督力度，使农民群众更好地理解和支持农村公路建设，对提高农村公路发展质量和效益、切实维护群众利益具有重要的推动作用。

4）进一步加强农村公路建设质量安全管理

随着农村公路的全面快速发展，个别地区农村公路，特别是桥梁建设质量安全事故仍有发生，这也暴露出当前农村公路建设管理中还存在一些薄弱环节，建设质量安全有待进一步提高，建设理念也要从“会战式”建设向集中攻坚转变，从注重连通向提升质量安全水平转变，从速度规模型向质量效益型转变。《交通运输部关于推进“四好农村公路”建设的意见》中提出了“明确质量和安全责任人，切实落实质量安全责任，确保工程质量和使用寿命，特别要加强对桥隧和高边坡施工的质量安全管理。”的相关要求。因此，专门设置“质量安全”章节加强农村公路建设项目质量安全管理，强化监管职责和手段，促进农村公路建设转型发展。

5）进一步提高农村公路安全保障能力

随着农村社会经济的发展，农民的机动车保有量快速增长，交通量显著提升，一定程度上加剧了人、车、路之间的矛盾，农村公路交通安全问题应引起广泛关注。由于农村地区地形和地质条件复杂，建设经费短缺，导致农村公路普遍存在着技术等级低、路况差、危害农村公路通行安全的险要路段较多等问题，对于农村公路安保设施的配套建设更为匮乏。2012年国务院出台的《国务院关于加强道路交通安全工作的意见》中就重点提出了“强化农村道路交通安全基础”的相关要求和措施。因此，明确生命安全防护工程设施的建设管理要求，提出，农村公路建设应当按照有关标准设置交通安全、防护、排水设施等附属设施，并与主体工程同时设计、同时施工、同时投入使用。

2.5.2 建设管理程序

农村公路建设项目的管理程序如下：

(1)县级政府及交通运输主管部门根据上级政府和交通运输主管部门编制的规划以及自身编制的规划，制订年度建设计划。编制计划时要考虑农村公路的建设需求，以及农村公路发展的连续性、均衡性和持久性，每年的建设规模要适度控制，并保持一定增长速度，以控制年度的资金规模。

(2)编制建设项目工程可行性报告，需上报地市或省级交通运输主管部门申请立项的项目，由相应层级的发改部门进行审批。县级交通运输主管部门自身立项的项目，报县级发改部门进行审批。

(3)项目进入实施阶段，具体流程如下：

①明确业主。项目业主可根据项目的性质、类型、规模等由市县交通运输局或农村公路管理机构、乡镇政府等担任。业主单位对项目的实施进行具体监管。代建制项目的委托方应对项目的实施进行具体监管。

②勘察设计。根据项目的类型等，可采用一阶段设计或两阶段设计的方式进行勘察设计，并由设计单位编制施工图设计文件和项目预算，必要时业主可组织进行设计方案审查。设计方案要根据要求报相关部门审批。

③施工监理招投标，按照招投标法及当地对工程项目管理的相关规定，组织进行施工。施工过程中严禁进行违规的转包或分包，同时要严格做好工程管理，控制好工程进度、工程质量和工程投资，严格按照设计文件实施，对出现设计变更的，要经原设计审批单位批准同意。

(4)交竣工验收。项目结束后要及时组织开展交竣工验收工作。根据项目的类型和规模，交工验收和竣工验收可分别进行，也可合并进行，具体可由当地交通运输主管部门根据实际情况确定。

2.6 建设质量管理

为加强农村公路建设质量管理，确保农村公路建设质量，2004 年，交通部印发了《农村公路建设质量管理办法(试行)》，明确了农村公路建设质量管理、质量监督的责任主体，规定了工程建设单位、设计单位、施工单位、监理单位的质量管理的责任，并提出了农村公路建设项目的工程质量控制要点，为提升农村公路建设质量与安全提供了有效的指导。

2.6.1 质量管理概况

党的十八大以来，随着全面建成小康社会和脱贫攻坚战略的提出，农村公路得到了迅速的发展，各省农村公路建设规模继续保持高位增长，如2017年内蒙古建设农村公路8635km，辽宁建设农村公路9344.5km；江苏省2018—2020年将新改建农村公路13500km；甘肃省2016年以来建设农村公路3.3万km；贵州省“十三五”期规划新改建农村公路5.99万km；四川省自党的十八大以来新改建农村公路12.3万km。农村公路跨越式发展为打赢脱贫攻坚战、全面建成小康社会、实施乡村振兴战略提供了坚实的交通运输支撑。

随着建设规模的扩大，农村公路的建设质量安全也得到高度重视。各地交通运输主管部门基本建立了“省级指导、市级管理、县级负责”的三级质量安全监督管理机制。农村公路建设项目多数建立了“企业自检、群众参与、监理和业主抽检、政府监督”的农村公路质量保证体系，形成了“专群结合，以专为主”的农村公路质量安全管理模式，农村公路质量管理体系逐步完善。如四川省实现了农村公路质量安全管理“四个全覆盖”：即县级农村公路试验室、县级质监能力建设全覆盖，“专群结合”的质量监督模式全覆盖，质量专业抽检全覆盖，项目公开、现场公示全覆盖。

2.6.2 主要做法

农村公路建设项目点多、面广、分布散，给建设质量安全监督管理带来较大难度，各地在结合自身特点的基础上，不断创新，总结形成了一系列特色经验。

1）完善法制建设是必要保障

县级人民政府是农村公路建设的责任主体，因此农村公路建设质量与安全生产管理监督的主体应在县级，省级和市级主要进行行业管理。在现在的管理模式下，省、市对县级的监督指导所发挥的作用有限，而且要进一步建立职责清晰、权责统一的质量监督管理体系，必须通过法律法规的形式予以规范和明确。云南省人民政府早在2000年就印发了《云南省公路工程质量管理办法》，贵州省于2014年3月份实施了《贵州省交通建设工程质量安全监督条例》，2017年云南省楚雄州发布了《楚雄州人民政府关于加强公路工程质量和安全监督管理的实施意见》，均为农村公路建设质量监督管理起到了积极的促进作用。福建、贵州、甘肃等省制定了农村公路质量管理办法、验收办法、监督工作标准化指南、质量管控关键技术指标、质量监督意见等系列规范性文件，有力地指导地方农村公路建设质量安全管理。

2）完善监管措施是必要补充

广大农民群众是农村公路的直接受益者，实践表明，必须充分调动农民的积极性，充分发挥农民的爱路护路意识，使农民亲身参与到农村公路的发展过程中，才能够更好地促进农村公路的发展。目前，我国省、市两级公路工程质量监督管理机构主要承担了高速公路及普通国省干线的质量监督管理工作，而县级质量监督机构设置不完善，且技术力量有限，无法全面覆盖农村公路建设质量与安全生产的监督管理，必须充分完善监管措施。如贵州省遵义市凤冈县培养了38名乡镇质量监督员进行质量监管；铜仁市发动社会监督员705人，覆盖了157个乡镇，498个项目；云南省玉溪市为村里的老干部、老党员发放“质量监督证”，发动他们义务参加其所在村子的农村公路在建工程的质量监督工作。内蒙古未成立质监机构的旗县均由县级交通运输主管部门成立质量监督组；辽宁未成立县级质监组织的，由县级交通运输主管部门直接监管或委托市级质监机构监管；甘肃省由市级成立督导帮扶组，按专人专职专抓要求，对农村公路建设质量安全进行督导帮扶。

3）开展信用评价是必要措施

随着公路建设市场化程度的逐步加深，通过市场手段选择具有相关资质的单位参与农村公路的建设已成为发展趋势，而且也是国家相关法律法规的必然要求。以质量监督为基础，开展信用评价工作，是在市场化背景下提升农村公路建设质量的一种有效手段。云南省将从业单位的质量事故信息与信用评价工作挂钩，并将信用评价结果运用于招投标活动中；贵州省遵义市在建管养一体化的模式下，针对通村公路的施工班组开展了信用评价，将评价结果通报给总承包公司；铜仁市建立了农村公路信用评价基本信息库，严格执行市场准入审查。

4）创新工作机制是必要动力

相对于高速公路及普通国省干线的建设来说，农村公路的建设工程具有规模小、分布散、周期短、受限多等特点，因此农村公路的建设过程常常存在与基本建设程序、公路工程技术标准等不相适应的问题，同时各级质量监督的能力有限，加大了质量监督的难度。因此，通过创新工作机制，克服、缓解客观存在的问题和矛盾，对于加强农村公路建设质量的管理具有重要的推动作用。贵州省铜仁市建立了交通质监微信及公众号，及时发布各类质量安全动态信息，宣传相关的法律法规及政策等，提升质监管理效能，并对农村公路普遍存在的建设先于计划实施、因资料不齐未能办理监督手续的问题，采取信息登记形式，提前介入监督工作。云南省楚雄州面对艰巨的农村公路建设任务，提出了“统一设计审查、统一建设标准、统一开工时间、统一招投标、统一组织交竣工验收”的工作思路，基本实现了工程质量好、工程造价投资控制好、工程建设安全管理好、廉政建设好、工程建设工期控制好的“五好”目标。四川、福建等省对建设任务重、施工难度大、技术力量薄弱的地区，鼓励采用打捆招标、委托大型企业总承包、项目代建制和建养一体化等方式,引进有实力、重信誉的队伍,提高农村公路建设机械化、专业化、规范化水平,提升工程建设质量水平。江苏省推行“标准化首件、标准化施工”的“双标”管理及实体质量、外观质量“双控”机制;福建省推行农村公路标准化施工,在路面工程中施行“首件分析、路基指标二控、路面设备三必备”的标准化要求,保障施工质量。各地充分考虑农村公路建设特点,突出质量安全监督重点,提高监管实效;在关键环节方面,内蒙古提出强化“四关”,即严把监督申请关、关键工序关、试验检测关、交竣工验收质量检测鉴定关;在关键指标方面,四川南部县强化“五度”控制,重点对宽度、厚度、强度、压实度、坍落度等进行抽检监督。

5)加强技术指导是必要需求

在现行农村公路质量管理的体制下,承担农村公路质量监督任务的市级和县级质量监督机构的能力普遍不足,尤其是在西部地区,专业技术人才匮乏,如铜仁市 8 县 2 区设置的 10 个县级质监机构中,具有高级职称的仅有 1 人。针对此类情况,云南省楚雄州定期组织县级质量监督管理人员进行技术培训,提升从业人员的专业素养;铜仁市在组织定期培训的基础上,要求各区县每年组织相关人员到市质量监督站进行借调交流,充分熟悉质量监督的相关内容及要求。四川省向群众发放了《农村公路修路一本通》、内蒙古制作了《群众监督手册》等,让广大群众了解农村公路建设要点和施工工艺,提高质量安全监督能力。四川省通过邀请专家讲座、实地参观等形式组织全省 21 个市(州)和部分县级的技术人员开展业务培训;并指导各市(州)质监机构开展辖区内县级质监机构的全员专业培训工作;同时,采取上挂轮训引进等方式,加大人才交流,不断提升质监机构人员业务能力和管理水平。

6)控制关键环节是必要手段

目前,农村公路的建设任务仍然艰巨,质量监督与安全生产管理的压力巨大,然而各级质量监督机构投入到农村公路质量监督工作的人员有限,因此对于农村公路建设质量的控制要抓关键环节。如云南玉溪市在质量监督过程中,严抓源头,检查人、机、料、场组织到位情况;楚雄州推行路基转序验收、原材料准入、混凝土集中拌和、和模板验收、振动梁施工、标准试验审批等制度,加强对农村公路建设各环节“标准化实施”的监督控制;遵义市紧抓路面验收环节,强制检测结构层深度和路面弯沉等。

2.6.3 面临形势及问题

1)发展形势

全面建成小康社会的短板在广大农村地区,农村公路作为农村最主要的交通基础设施，在助力农村脱贫中具有重要的作用。但农村公路的发展不能局限于“十三五”阶段和全面建成小康社会，更要着眼于第二个百年目标和中国梦的大格局，使农村公路持续服务于农村和农民，让老百姓持续拥有“获得感”。为适应未来需求，农村公路发展应统筹做好“三个有效”：

(1)建设与养护的有效衔接

建设是创造，养护则是保护。受到发展理念的影响，我国大部分地区农村公路的发展普遍存在“重建轻养”的现象，农村公路的资产规模越来越大，但却面临着不断贬值的风险，“油返砂”“通返不通”的现象时有发生。要持续发挥农村公路的基础支撑作用，必须充分保护好农村公路，实现建设与养护的有效衔接。

(2)速度与质量的有效统一

通常意义上，速度与质量呈现为反比的关系，但在扶贫攻坚战略下，两者又同等重要，“速度”是广大农民的迫切需要，“质量”则是满足广大农民需要、体现农村公路价值的重要基础。要实现速度与质量的有效统一，不能只顾速度而不管质量，否则“广大农民群众享受的发展成果”将只会是“昙花一现”。

(3)能力与发展的有效匹配

农村公路发展成就斐然，但在快速发展过程中还存在一定的问题，特别是基础保障能力薄弱与目前繁重建设任务不匹配之间的矛盾，如质量安全管理的资金、机构、人员、制度等还存在一定欠缺，发展理念、技术水平等还有较大的提升空间。要坚持问题导向和需求导向，不断“苦练内功”，强化基础能力建设，实现能力与发展的有效匹配。

2)面临问题

当前，农村公路建设重点集中在县乡道提级改造、村道通组公路建设(联网工程)，以及资源路、产业路和旅游路等建设。其中，村道建设规模总量占农村公路建设总量的80%左右，主要以四级路和等外路为主，是农村公路建设质量安全管控的薄弱环节。

一是建设管理专业化水平总体较低。县道建设基本能落实公路建设四项制度，基本建设程序完善，且经费、管理和施工专业力量投入相对较好。乡村道建设主体主要是乡镇府和村委会，在管理机构设置、人员配备、资金投入等方面很难达到专业化管理要求，不能对施工各环节质量进行有效管理。特别是村道，一般由村委会采用“一事一议”等方式议定施工单位，现场监督以群众监督的感观和经验判断为主，专业能力有限，监督手段缺乏，部分项目存在仅依靠施工单位自检和上级主管部门抽检的情况来判断质量是否合格的现象。如南部县马鞍村，村委会仅有1名村民负责村道建设管理，同时还负责养护管理工作，管理能力和精力不足。

二是乡村道质量安全管控规范化程度较低。在乡村道建设中,一般先由乡政府或村委会组织完成路基工程,再请施工单位开展路面施工。在设计方面,路基几乎没有设计图纸,路面由设计单位或交通运输主管部门组织有经验的专业人员提供,基本上是简单几页的路面结构“标准图”,存在设计荷载取用不规范、施工图纸不完整、审批程序不到位等问题。在监理方面,村道建设监理主要以群众监督为主,专业监理机构或监理人员投入的情形较少。在施工方面,专业实力强的施工单位参与村道建设意愿性不高,或者中标后分包转包给小型施工队伍,施工人员专业技术能力不高,施工装备投入不足,机械化水平普遍较低,一些施工单位甚至没有检测能力。在质量验收方面,基层试验检测能力明显不足,检测频率和指标普遍不足,质量验收的保证度不高。

三是基层质量监督能力保障较弱。县级质监组织包括独立机构和交通运输主管部门内设科室两种,一般编制为 3 ~ 6 人,其中技术人员 2 ~ 3 名。监督人员的专职化程度不高,多数身兼数职,部分监督工作尚未全面规范开展,质量监督职能未充分发挥。各地普遍反映质量安全监督经费未纳入同级财政预算,只能由县级交通运输部门内部解决,而交通运输行政部门自身资金比较困难,无力提供日常监督所必需的办公经费、监督抽检费用、竣(交)工质量鉴定检测费用、试验检测仪器设备、执法车辆等,导致质量监督工作条件差,监督手段不足,严重制约了监督能力的提升。

2.6.4 工作方向

一是进一步明确质量管理与监督责任。突出县级的主体作用,强调省、市的指导作用,强化针对农村公路项目的质量监督意识,创造良好的工作氛围。

二是强化从业单位质量安全管理的责任。要求农村公路的建设单位、设计单位、施工企业、监理单位建立适用可靠的质量安全管理体系,进一步压实从业单位的质量责任。

三是进一步完善质量安全监督体系。加强农村公路建设项目的信用评价,推动建立监督考核机制。加强县级质监能力建设,鼓励县级质监机构配置必要的检测设备、仪器,保障基本的质量抽检和质量鉴定工作需要。

四是重点针对低等级的乡村道,加强质量监督的技术指导,在现有公路工程质量监督指标的基础上,把握关键指标,适当降低抽检频率,使质监要求与县级质监能力相匹配。

2.7 建设技术

由于农村公路发展受到的因素限制,农村公路建设必须采用经济耐久、简单适用的技术,重点是保证农村公路的功能性和耐久性。农村公路建设施工中,为了保障施工质量和施工效率,应积极采用机械化施工,但要根据农村公路的实际情况,选择合适的施工机械。

2.7.1 路基

根据填筑材料的不同,路基又分为土方路基和石方路基,农村公路用土方路基比较多。

1)土方路基

土方路基施工工序及内容如下所示:

(1)施工测量

路基开工前应根据路基横断面设计图或路基设计进行放样工作。路基放样的目的是在原地上标定出路基的轮廓,作为施工的依据。施工单位应在全面熟悉设计文件和设计交底的基础上,进行现场核对和施工调查,若发现问题应根据有关程序提出修改意见,报呈设计变更。

(2)场地清理

路基范围内原地面表层的种植土、草皮等应清除,清除深度一般不小于15cm。在路基施工区域内的树桩和树根都应从原地面之下不小于50cm深的地方挖除(图2.1)。去除后所留的空隙应用合适的材料填充。

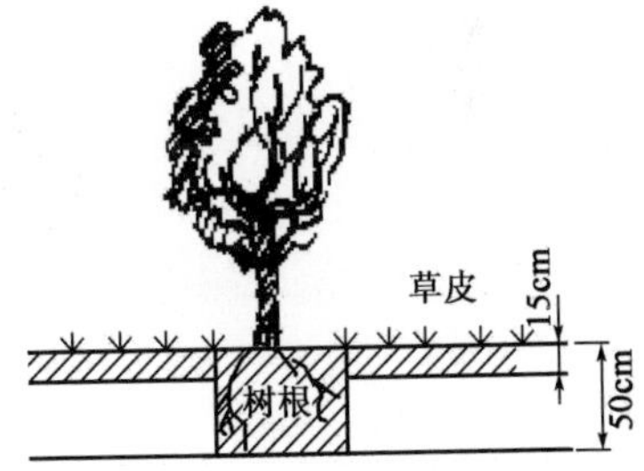

图2.1 清除草皮、树皮

(3)基底处理

在场地清理完成后,应及时恢复路基中线和边线,对路基范围内存在的不平之处应该先予以整平,然后碾压到规范要求的压实度。为使路基基底与原地面的紧密结合,防止路堤沿基底发生滑动或路堤填筑后产生过大的沉陷变形,则可根据基底的土质、水文、坡度和植被情况及填土高度采取相应的处理措施。

对于密实稳定的土质基底,当地面横坡缓于1:10,且路堤高度超过0.5m时,基底可不做处理;路堤高低于0.5m时,应将原地面草皮清除;地面横坡为1:10~1:5时,需铲除原地面草皮、杂物、积水和淤泥后再行填筑;当地面横坡为1:5~2.5时,在清除草皮杂物后,还应将坡面挖成台阶,其宽度不小于1m,高度为0.2~0.3m,台阶顶面做成内倾2%~4%的斜坡;当地面横坡陡于1:2.5时,则应挖成锯齿形;若为砂质土斜坡,则不宜挖台阶,只要把土壤翻松即可。

对于覆盖层不厚的倾斜岩石基底,当地面横坡为1:5~2.5时,需挖除覆盖层,并将基岩挖成台阶。当横坡陡于1:2.5时,应进行个别设计,特殊处理,如设置护脚或护墙。

路线经过耕地或松土，地面横坡小于1∶5时，若松土厚度不大，需将原地面夯压密实再填土；再分层填筑夯实。对于水田、塘堰，需先将基底处理后再行填筑。

凡有地下泉眼，要用浆砌片石三面砌筑暗沟或用反滤层密封盲沟将水引出堤外。

(4)布土摊铺

布土时应根据每层土的用量，确定卸车的间距，布土完成后用平地机或推土机进行均匀摊铺，在劳动力富裕的地区也可人工摊铺，摊铺时应根据土质及压实机械的不同，现场确定摊铺厚度，一般每层土的最大摊铺厚度不应大于50cm，土中杂草应剪除。

(5)整平

路基施工一般用推土机或平地机进行整平，整平方法是由路中心开始向道路两侧推进。在整平时应注意路基的纵坡和横坡，尤其是在雨季施工时，横坡应该适当加大以利路基排水，一般情况路基横坡要求2%，为利于排水可加大到2%～4%。

(6)碾压

为保证路基的强度和稳定性，使路面有一个必要的稳固基础，在填筑路堤前，应将原地面进行压实；在填筑路堤时，应将填土分层压实；挖方路段也应进行压实。除有特别规定外，一般路基上的压实度，应随填土深度的变化而不同。

2)*石方路基*

对岩石进行开挖的方法有爆破法、松土法及破碎法三种。其中，爆破法开挖是利用炸药爆炸时所释放出的巨大能量，使其周围介质受到破坏或移位。其特点是施工进度快，并可减轻繁重的体力劳动，提高劳动生产率，降低施工成本。但爆破法开挖是一种带有危险性的作业，对山体等周围介质破坏性比较大，对周围环境也有影响，应注意控制使用。爆破法是目前我国农村公路石方施工采用的主要方法，其中孔眼爆破法是爆破施工较为常见的方法。这里主要介绍孔眼爆破法施工。

孔眼爆破法施工的工序及内容如下：

(1)炮位布置

路基石方开挖布孔时，应结合路基断面形式进行布孔，布孔的要点如下：

在半挖半填的斜坡地形，且挖深不大时，采用一字排炮。对于自然坡度较缓的地形，应先用钢钎切脚，改造地形后再采用一字排炮，一次基本形成路基断面，见图2.2a)。

路线横切小山包时，采用钢钎炮三面切脚，改造地形后，再在中间用药壶爆破，或深孔爆破，见图2.2b)。

遇路基较宽、阶梯较高的地形，采用上下互相配合的小炮群或分台阶多层一字排炮开挖，见图2.2c)。

对拉沟路堑，可采用两头开挖时，可以用竖眼揭盖、平眼搜底的梅花炮，见图2.2d)。

采用机械化清方时，如遇坚石，可采用眼深2m以上的钢钎炮，组合成30～40个多排多层炮群，或采用深孔炮。在坚硬岩石中，为使岩石破碎的程度满足清方的要求，除调整设计参数外，还可以用间隔药包。遇软石或节理发育的次坚石，可采用松动爆破开挖，见图2.2e)。

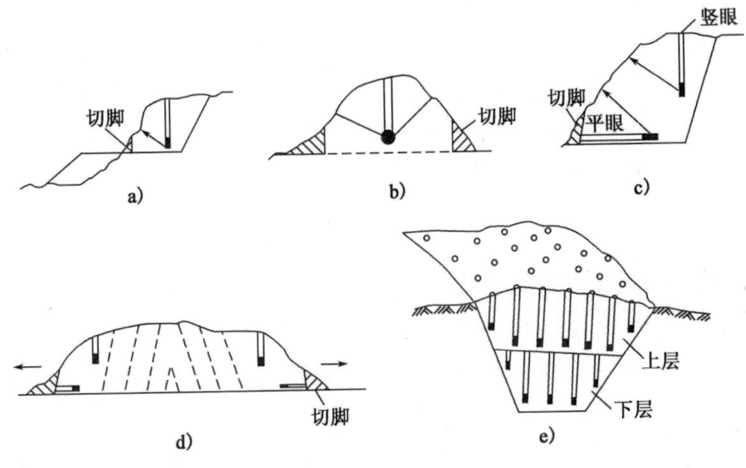

图2.2 结合路基断面形式布孔

(2)打孔

孔眼爆破施工打孔方式有人工打孔和机械打孔。

其中，人工打孔分为单人打孔、双人打孔和多人冲孔等方法。适合打孔量不大、缺乏钻孔设备或施工现场狭窄及炮孔深度不大的情况下使用。人工冲钎打孔适用于松软岩石、锤钎打孔适用于中等硬度以下岩石。

(3)装药及堵塞

装药及堵塞是路基石方爆破的重要工序，要特别注意作业安全，每一工序都应严格按照安全规程进行操作，装炮人员必须由经技术培训、持有上岗证的有经验的炮工担任。

(4)起爆

起爆过程中，必须高度重视安全工作，反复宣传安全工作和安全知识，做到人人皆知。把炮眼堵塞好后，要规定统一时间点放，严禁随装随放。起爆应设置爆破警戒，并满足以下要求：爆破工作必须有专人指挥。确定的危险区边界应有明显的标志，警戒区四周必须派设警戒人员。警戒区内的人、畜必须撤离，施工机具应妥善安置。预告、起爆、解除警戒等信号应有明确的规定；爆破时，安全警戒范围至少为200～300m；起爆器与起爆钥匙必须分开放置。

(5)清方及刷坡

当石方爆破后即可进行清方工作，清方包括：石方清除、边坡刷坡及边沟清理三项工作。清方要根据施工要求和石料利用情况分别处理，并应与路基填方配合处理，对于可采取块片石的石方清理，应与备料采集工作相互配合。清方有人工清方和机械清方两种方式。石方边坡和边沟清理应严格按照设计图纸进行，掌握好边坡坡度，应逐层消除边坡危岩，个别侵入边坡内的突出石方应用小炮或用钎钻清刷，力求安全、整齐美观。超挖边沟应用干砌或浆砌片石补齐。

撬动岩石必须由上而下逐层撬落，严禁上下双重作业，不得将下面撬空使岩石上部自然坍落。撬棍的高度不宜超过人的肩膀，不得将棍端紧抵腹部，也不得把撬棍放在肩上施力。

2.7.2 路面

农村公路的路面结构设计是在现行规范指导下针对本地的交通条件、材料来源和自然环境条件进行，但其在设计过程中可能由于多种原因，如气候环境条件、材料来源不同、设计者的经验、工程投资限制以及设计资料不全等而导致最后设计出的路面结构偏于保守而不经济，或为了节约工程造价而使路面结构不安全，产生提前破坏病害等问题。所以，十分有必要充分考虑区域气候、土壤、地质和水文等各种自然因素对路面的影响，结合当地的建筑材料来源、交通和经济发展条件而制定的适应于该区域不同交通条件的路面典型结构。

农村公路结构组合应遵循以下原则：

(1)必须充分掌握本地的交通、路基、气候和材料等条件，并从技术可靠和经济合理的角度来决定典型结构。

(2)面层直接承受交通荷载的作用，并将荷载传递到基层，要求其必须具有足够的强度和稳定性，具有抗车辙、耐磨耗和防止开裂的功能，并能做到抗滑和平整。

(3)基层是主要承受垂直荷载的承重层，用来承受面层传递的应力并分散到下层，应具有足够的强度和刚度，且要具有水稳定性。

(4)能利用当地材料修筑出满足使用要求的路面。

(5)必须注意考虑水的影响，做好排水设计。

(6)各层的强度自上而下逐渐减少，虽然层次较多会使受力情况较合理，但层次过多将给施工工艺及材料制备带来很多困难，因此一般层次不宜过多，以适应摊铺和碾压的要求。层间应尽量紧密结合,以减少层间应力,增加路面结构的整体作用。

农村公路路面结构类型包括水泥路面、沥青路面及其他路面结构形式。根据全国各地基本情况统计,目前村道水泥混凝土路面一般采用 18 ~ 22cm 水泥混凝土 + 15 ~ 20cm 半刚性基层,而县道和乡道的半刚性基层厚度要大于村道;沥青路面分为沥青混凝土、沥青碎石、沥青贯入式、沥青表面处治等形式,一般采用 4 ~ 10cm 沥青层 + 15 ~ 20cm 半刚性基层;其他路面结构形式包括铺砌石路面(含块石路面、预制石路面)、砂石路面等。

1)水泥混凝土路面施工

水泥混凝土路面的小型机具施工是指由机器拌和、人工摊铺、辅助配备一些小型机具(如插入式振捣器、平板振动器、振动梁、真空吸水设备、切缝机等)进行混凝土路面施工的方式,适用于中、轻交通的低等级公路。采用小型机具施工混凝土路面的施工工序如图 2.3 所示。

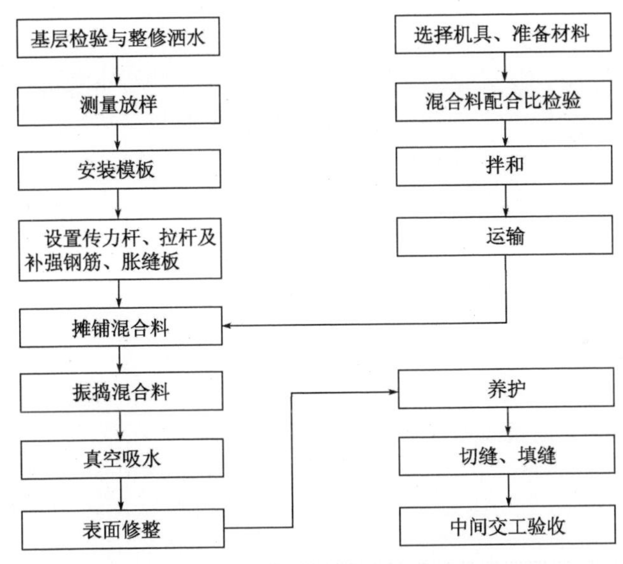

图 2.3　混凝土路面工序示意图

(1)施工准备

施工组织。根据设计文件、施工条件和有关规范,确定施工方案,编制详细的施工组织设计。包括施工工艺、材料使用计划、劳动力组织安排、临时设施、现场组织管理计划、安全措施等。材料供应、模板数量、混凝土的搅拌能力和运输能力必须和施工技术方案相适应。施工前应做好技术准备,对人员进行认真的培训。

场地准备。妨碍施工的建筑物、灌溉渠道、地下管线等,应在施工前拆迁完毕。施工前要解决好水电供应、交通道路、搅拌和堆料场地、办公生活用房、工棚、仓库和消防设施等问题。拌和场地的选择要考虑运距最短,方便原材料的运进及拌和物的运出,一般选在施工路段的中间。

施工机具准备与选择。农村公路水泥混凝土路面施工主要采用小型机具,包括钢板模、强制式搅拌机、自卸运输车辆、振动棒、平板振动器、振动梁、滚筒、压纹器、切缝机、灌缝机、洒水车等设备。

(2)测量放样

农村公路水泥混凝土路面施工测量放样要点如下:

每隔100~300m增设临时水准点一个。

根据已放出的中心线及路面边线,放出路面板的分块线。支立模板后,应把分块板线标至模板顶面,其位置应设明显的标记或刻线。路面板分块应从交叉路口开始,再分其他路段。在曲线段及交叉口处,曲线内侧和外侧纵向分块距离的增长或缩短,要保证横向分块线与路中心线相互垂直,以免路面出现锐角。

当分块线距离检查井或其他井盖边缘不足1m时,应适当移动分块线,以保证至少1m的距离。

(3)模板安装

安装模板前,根据设计图纸放样定出路面中心线和路边线。

浇筑水泥混凝土路面用的模板宜采用钢模。钢模板根据路面设计的厚度加工,一般用普通槽钢制作,也可用3mm钢板与4cm角钢(边长40mm×60mm)组成。尺寸一般为长3m,直线段宜采用长模板,高与混凝土板厚相一致。安装时,模板的拼接必须平顺、紧密,对于垫衬后剩余的空隙,可用砂浆填满补实,以免漏浆而使混凝土板侧面形成蜂窝。

模板安装应注意以下几点:严格控制模板的安装质量,保证稳固、顺直、平整,桩间无起伏;相邻模板高差大于3mm、有错位及不平整的模板应重新安装;模板支撑必须牢固,如图2.4所示,采用钢钎打入基层固定,不能有任何变位,宜提前20h安装模板并按要求检查调整好,若与地面接触处出现缝隙则用砂浆封好;模板的数量应根据施工进度配备,必须足够保证施工的连续进行,并不少于3d的摊铺用量。

图2.4　立模示意图

安装完毕后，在内侧面均匀刷涂一层肥皂液、沥青或废机油等以利脱模，同时还应检查模板安装是否合适。检查校正模板安装的检查内容如下：安装模板的尺寸、形状及中线边线的水平位置是否正确；安装的纵横塞条、连接钢筋是否符合设计的要求；模板及纵横塞条安装是否牢固，支撑、卧板、铁钎等是否坚固；模板表面是否有其他污物存留，板模的接缝是否紧密不漏；板模范围内一切杂物木屑是否已清除干净。

（4）混凝土拌和及运输

混凝土拌和通常采用混凝土拌和机。拌和物应拌和均匀、充分，拌和时间根据搅拌机的类型、转速、拌和物的种类和投料顺序决定，根据拌和物的黏聚性、均质性及强度稳定性经试拌确定。一般情况下，单立轴式搅拌机总拌和时间宜为 80 ~ 120s，原材料全部投入后的纯拌和时间不宜短于 35s；连续双卧轴搅拌楼的最短拌和时间不宜短于 40s；最长总拌和时间不宜超过高限值的 2 倍。

混凝土拌和的要点是：配料必须计量准，顺序加料拌均匀；外加剂宜加溶液，溶液均匀充分沉淀；拌和时间不能少，时间过长也不好。为获得合格的拌和物，必须对各组成材料进行准确的计量。各组成材料的计量精度为：水泥、水、外加剂和掺和料为 ±2%；粗、细集料为 ±30%。

（5）混凝土运输

拌好的拌和物应尽快运送到摊铺现场。混凝土拌和物的运输，要保证现场有足够的摊铺时间。根据施工温度的不同，最长运输时间可参照表 2.4。掺加缓凝剂后，可适当延长，但需通过试验确定。在运输过程中，应尽量避免拌和物的污染和离析。自卸车的车厢应清洗干净，并洒水润湿。运输过程中，尽量匀速行驶，保持平稳，减少颠簸。夏季高温、大风、雨天和冬季施工，运输时应对拌和物进行遮盖。装料时，搅拌楼的卸料落差不应超过 2m。

拌和物允许最长运输时间 表 2.4

气温（℃）	无搅拌设施运输（min）	有搅拌设施运输（min）	气温（℃）	无搅拌设施运输（min）	有搅拌设施运输（min）
5	90	90	20	30	60
10	60	75	30	20	45

高温季节施工时，可对砂石料堆加盖遮阳篷；抽用地下冷水或冰水拌和；拌和物中加缓凝剂、保塑剂或加大缓凝减水剂用量。夏季气温高于 30℃时，宜避开中午时间，选择在早晨、傍晚或夜间施工。遇雨时，应对砂石料堆加以覆盖。

（6）混凝土摊铺

摊铺混凝土拌和物前，应做好检查准备工作：确认模板的位置、高程、润滑、支撑稳固等情况符合要求;模板底面与基层之间密实无缝隙;传力杆、拉杆等已经正确安设;基层表面平整、干净,如有破损应进行修复,摊铺前清扫干净并洒水润湿;建好运输道路等。混凝土的现场摊铺技术要点如下:

用汽车由固定拌和场运来的混凝土,到达施工现场后,即由专人指挥卸在预先设置好的拌板上,如图 2.5 所示。如混合料中有离析现象时,应再人工拌和一遍才能摊铺。严重离析的混合料严禁使用。

图 2.5　人工摊铺

运送混合料时如遇阳光过热、尘土飞扬或下雨等情况,应设法用塑料布或帆布将混合料遮盖,不得使用吸水性强或易于沾带渣屑的麻袋、草席等物来遮盖。

运送混合料的车厢必须保持清洁,不漏浆料,每个工班施工日完毕后,必须用水清洗干净,再运时必须检查,发现漏料时要及时修补。

摊铺应沿纵向推进,一般按一条车道宽度直线进行。人工布料应用铁锹反扣,严禁抛掷。

摊铺时,对基层低洼、缺口处严禁使用薄层贴补或采用松散料找补,应使用混合料浇筑以确保整体性。

取试件。现场摊铺施工时,每 $1000m^2$ 混凝土应制作一组试块,如摊铺不足 $1000m^2$ 时,每个台班制作一组,每组共 6 个试块(3 个抗压、3 个抗折),做抗压、抗折试验。所有试件应现场制作,且进行与路面同等条件的养护。

(7)混凝土的振捣

拌和物摊铺均匀后,采用插入式振捣棒、平板振动器和振动梁配合进行振捣成型。混凝土的振捣技术要点如下:

初步整平。先用振捣棒对拌和物进行振捣,振捣位置呈梅花状交错分布,见图 2.6。每次振捣时间不宜少于 30s,以拌和物停止下沉,表面不再冒气泡为准,不应过振。振捣棒应避免碰撞模板、钢筋、传力杆和拉杆。对边角位置应特别注意加以振捣。振捣棒应斜插入,插入深度宜离基层 3 ~ 5cm,振捣棒应轻插慢提,不得猛插快拔,严禁在拌和物中推行和拖拉振捣棒振捣。

平板振捣器振捣。经初步整平后,用平板振捣器由边到中、先纵后横一行一行振捣一遍,行与行之间的振捣应重叠 15 ~ 20cm。振捣器应慢慢移动,同一位置停留在 10s 左右(干性混合料为 40s 左右),以不冒气泡、振出砂浆为宜,如图 2.7 所示。

图2.6 插入式振捣

图2.7 平板式振捣

平板振动器振捣完后,可用振动梁进一步振实并整平提浆。振动梁放在侧模上,沿混凝土表面拖拉振实,移动速度应均匀缓慢,一般往返2~3遍,最终使混凝土表面泛出砂浆均匀平整。振动梁应具有足够的刚度和质量,底面平直,并焊接或安装深度4mm左右的粗集料压实齿,每4m断面应配备1根2个振动器的振动梁。

振捣过程中,对缺料的部位进行人工找平,多余的料应适当铲除。人工找平时应使用同批拌和物,严禁使用纯砂浆。应随时检查模板、拉杆、传力杆和钢筋的移位、变形、松动、露浆等情况并及时纠正。

(8)提浆和抹面

振实作业完成后,进行整平工作。首先使用滚筒提浆整平,如图2.8所示,平均每4m宽路面需配备1根滚筒。整平时,第一遍应短距离缓慢一进一退拖滚或推滚,以后应较长距离匀速拖滚2遍,并将水泥浆始终赶在滚杠前方。

图2.8 滚筒提浆整平

因水灰比过大泌水而产生的过稀多余水泥浆宜铲除,也可等稀水泥浆的水分蒸发到适宜拖滚时,再进行拖滚滚杠整平后,使用抹面机压浆整平饰面。抹面机应往返2~3遍压浆并整平抹面。如果不配备抹面机,应在滚杠整平后,用大木抹进行2~3次抹面,直到表面无泌水为止,修整时前后两次刮痕应重叠一半。两次抹面的间隔时间参考表2.5。

抹面的间隔时间 表2.5

施工温度(℃)	0	10	20	30
间隔时间(min)	35~45	30~35	15~25	10~15

抹面完成后，最后用抹刀和刮尺进行精抹饰面，如图2.9所示。应做好人工清边整缝，清除黏浆，修补缺角、掉角。先使用抹刀将抹面留下的痕迹抹平，再用3m刮尺，纵横各1遍精抹饰面。作业时工作人员要站在工作桥上，不要随便踏入混凝土中。精抹饰面后的面板表面应无任何抹面印痕，平整度应达到规定要求。

图2.9 抹面

(9)抗滑构造施工

抗滑构造的施工宜优先选用硬刻槽。二级及其以下公路构造深度，一般路段0.5～0.9mm，弯道等特殊路段0.60～1.0mm。路面摊铺7d后或抗压强度达到设计抗压强度的40%后方可刻槽，并宜在两周内完成。刻槽机应匀速行走，不得中途抬起或改变方向，路面板的边缘应设有托架，使刻槽机能行走到板边，制作的纹理贯通整个板宽，见图2.10。刻槽深度应为2～3mm，槽宽3～5mm，槽间距15～25mm。刻槽后应及时冲洗干净路面，并恢复养护。

也可采用拉毛与拉槽结合的方法制作抗滑构造，并应在整平饰面后及时进行。拉槽的几何尺寸与刻槽相同。

(10)混凝土养护

整平饰面完成后，应及时进行养护。常用的养护方法包括湿法养护、塑料薄膜养护和喷洒养护剂养护，不宜采用围水养护方式。

在雨季或养护用水充足的情况下，可采用湿法养护，在混凝土表面全面覆盖保温养护膜、土工毡、土工布、麻袋、草袋或草帘等，并每天均匀洒水数次，使覆盖物底部始终保持潮湿状态，如图2.11所示。

图2.10 拉槽

图2.11 养护

采用覆盖保温养护膜、塑料薄膜养护时，应在混凝土表面不见浮水、手指压无痕迹时进行。养护期间应保持薄膜的完整，如有破裂，应立即补盖；薄膜厚度应适宜，宽度大于覆盖面约60cm。两条薄膜对接时，重叠厚度不宜小于40cm。采用喷洒养护剂方式时，应在混凝土表面不见泌水时进行。喷洒的剂量、成膜厚度、喷洒时间等应通过现场试验确定。喷洒厚度应是以形成完全封闭路表面的薄膜为准。喷洒尽量均匀，保证成膜厚度一致，喷洒后的表面不应有颜色的差异。喷洒高度控制在0.5~1m，单独采用一种养护剂时，有效保水率应大于90%，喷洒剂量不应小于0.3kg/m²（原液）。当采用一种养护剂喷洒上述剂量达不到要求的保水率时，可使用两种养护剂喷洒两层或者喷洒一层养护剂并加保湿覆盖的方法。

在昼夜温差大于10℃的地区或在日平均气温低于5℃施工混凝土路面时，应采取保温保湿养护方式，即先将路面洒水湿透，覆盖塑料薄膜保湿，并覆盖泡沫塑料垫或干厚草帘保温。

养护时间根据混凝土强度增长情况而定，在达到设计弯拉强度的80%以上时结束养护，一般为14~21d，热天不少于14d，冷天不宜少于21d。前7d混凝土强度增长最快，应特别注意加强养护，严禁出现混凝土路面发白的情况。

养护期间和填缝前严禁车辆和行人通行，在达到设计强度的40%后（约3d），方可准许行人通行。

（11）拆模

混凝土的立方体试件抗压强度达到8MPa以上时，应及时拆模。混凝土成型后至拆模的时间称为允许拆模时间，可参考表2.6确定。拆模时，注意不得损伤混凝土板的边角，拆下的模板不得压在刚拆完模的路面上。

允许拆模时间　　表2.6

昼夜平均温度(℃)	5	10	15	20以上
拆模时间(h)	36~48	30~36	20~30	15~18

（12）接缝施工

缩缝：缩缝施工优先采用切缝的方法，当混凝土立方体强度达到8MPa以上时（一般情况下，拆模后可立即进行切缝），应及时进行硬切缝，如图2.12所示。

纵向施工缝：当一次摊铺宽度小于路面总宽度时，设纵向施工缝。位置宜与车道线一致，构造采用平缝加拉杆型。当板厚度大于26cm时，可采用企口型纵向施工缝。施工时，应在振实过程中从侧模预留孔中扶正插入拉杆。拉杆在路面硬切缝前，禁止碰撞和松动，在施工过程中，若发现拉杆松动或未插入，应在横向连接摊铺路面前，钻孔重新植入。

横向施工缝：每日施工结束时，或因特殊情况造成施工中断时间超过30～45min时，应设横向施工缝。横向施工缝采用平缝加拉杆型。浇筑端头施工缝时，先浇一层到传力杆高度以上，安放传力杆并固定好，检查传力杆的位置符合要求后，再浇上层，并用振捣棒仔细捣实。

胀缝：在摊铺至胀缝位置前方1～2m处时，将胀缝支架准确定位锚固，摊铺混凝土拌和物并用振捣棒振实胀缝两侧的拌和物。胀缝板应连续贯通整个路面宽度，钢筋支架两侧应比摊铺宽度各短3cm，胀缝板的高度应保证密封槽的尺寸符合要求，密封槽先采用木条嵌填，嵌入的木条和胀缝板暂时连成一体，填缝时再取出。

填缝：混凝土板养护期满后，应及时填缝。先用切缝机将密封槽加工成规定的尺寸，加工胀缝密封槽时，先取出胀缝上部的木条，将缝边做成圆弧或呈45°角。密封槽应用铁钩和压力水彻底清洗，并用热空气烘干，确保缝壁及内部清洁、干燥。缝壁以擦不出灰尘为准。用专用工具将衬垫材料嵌入到规定的深度，嵌入衬垫材料后，缩缝和施工缝的密封槽的深宽比为1～2，胀缝为1。有条件时填缝可采用灌缝机，如图2.13所示。

图2.12 切缝

图2.13 灌缝

2）热拌沥青混合料路面施工

沥青混合料路面施工过程包括施工准备、混合料拌和、运输、摊铺、碾压、接缝和开放交通等。

（1）沥青混合料拌制

沥青混合料必须在沥青拌和厂（站）采用拌和机机械拌制，尽量采用间歇式拌和机。沥青混合料拌和应根据沥青标号及黏度、铺装层厚度、施工时实测温度、地温、风速等情况，拟定合理的沥青、矿料加热温度及混合料出厂温度、储存温度、摊铺温度、碾压温度等。沥青结合料的施工温度可参照表2.7的范围选择，并根据实际情况确定使用高值或低值。

热拌沥青混合料的施工温度(℃)　　表 2.7

<table>
<tr><td colspan="2" rowspan="2">施 工 工 序</td><td colspan="4">石油沥青的标号</td></tr>
<tr><td>50 号</td><td>70 号</td><td>90 号</td><td>110 号</td></tr>
<tr><td colspan="2">沥青加热温度</td><td>160 ~ 170</td><td>155 ~ 165</td><td>150 ~ 160</td><td>145 ~ 155</td></tr>
<tr><td rowspan="2">矿料加热温度</td><td>间歇式拌和机</td><td colspan="4">集料加热温度比沥青温度高 10 ~ 30</td></tr>
<tr><td>连续式拌和机</td><td colspan="4">矿料加热温度比沥青温度高 5 ~ 10</td></tr>
<tr><td colspan="2">沥青混合料出料温度</td><td>150 ~ 170</td><td>145 ~ 165</td><td>140 ~ 160</td><td>135 ~ 155</td></tr>
<tr><td colspan="2">混合料储料仓储存温度</td><td colspan="4">储料过程中温度降低不超过 10</td></tr>
<tr><td colspan="2">混合料废弃温度，高于</td><td>200</td><td>195</td><td>190</td><td>185</td></tr>
<tr><td colspan="2">运输到现场温度，不低于</td><td>150</td><td>145</td><td>140</td><td>135</td></tr>
<tr><td rowspan="2">混合料摊铺温度</td><td>正常施工</td><td>140</td><td>135</td><td>130</td><td>125</td></tr>
<tr><td>低温施工</td><td>160</td><td>150</td><td>140</td><td>135</td></tr>
<tr><td rowspan="2">开始碾压的混合料内部温度，不低于</td><td>正常施工</td><td>135</td><td>130</td><td>125</td><td>120</td></tr>
<tr><td>低温施工</td><td>150</td><td>145</td><td>135</td><td>130</td></tr>
<tr><td rowspan="3">碾压终了的表面温度，不低于</td><td>钢轮压路机</td><td>80</td><td>70</td><td>65</td><td>60</td></tr>
<tr><td>轮胎压路机</td><td>85</td><td>80</td><td>75</td><td>70</td></tr>
<tr><td>振动压路机</td><td>75</td><td>70</td><td>60</td><td>55</td></tr>
<tr><td colspan="2">开发交通的路表温度，不高于</td><td>50</td><td>50</td><td>50</td><td>45</td></tr>
</table>

沥青混合料拌和时间应以混合料拌和均匀、所有矿料颗粒全部均匀裹覆沥青结合料为度。间歇式拌和机每盘的生产周期不宜小于 45s(其中干拌时间不少于 5s)，连续式拌和机的拌和时间由上料速度及拌和温度调节。要求拌和出厂的沥青混合料均匀一致、无花白料、无结团成块或严重的离析现象。拌和机宜备有保温性能良好的成品储料仓，储存期间混合料温降不得超过 10℃；不能有沥青滴漏，储存时间不得超过 72h。

(2)沥青混合料的运输

热拌沥青混合料运输应考虑拌和能力、运距、道路情况、车辆吨位等因素，合理确定车辆类型和数量，尽量采用大吨位的运料车运输。运料车的运力应稍有富余，施工过程中摊铺机前方至少应有 4 ~5 辆运料车等候。车厢应清扫干净，侧板和底部可涂喷防黏薄膜混合液，也可涂刷油水(柴油与水的比例为1∶3)，但不得有余液积聚在车厢底部。装料时，应多次挪动汽车位置平衡装料，以减少混合料离析。运料车运输沥青混合料宜用棚布覆盖保温、防雨、防污染。

(3)沥青混合料的摊铺

农村公路路面宽度普遍较窄,施工时应尽量封闭交通,并采用整幅摊铺。摊铺机开工前应提前0.5~1h预热熨平板不低于100℃。铺筑过程中应选择熨平板的振捣或夯锤压实装置具有适宜的振动频率和振幅,以提高路面的初始压实度。按工程要求选择确定摊铺机熨平板宽度、设定摊铺厚度和拱度。

摊铺机必须缓慢、均匀、连续不间断地摊铺,速度宜控制在2~6m/min范围内,并与拌和能力、运输能力基本匹配。摊铺过程中应设专人清扫摊铺机两条履带前的基层,保证摊铺机平稳行走,如图2.14所示。操作手随时注意观察供料情况,两卸料车间歇时间尽可能短。摊铺过程中,需设专人对摊铺温度和松铺厚度进行实测控制与记录。

(4)沥青混合料的碾压

沥青混合料摊铺整平后,应立刻对其进行碾压,如图2.15所示。碾压分为初压、复压和终压三个阶段。

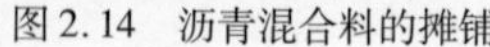

图2.14 沥青混合料的摊铺

图2.15 沥青混合料的碾压

初压应紧跟摊铺机后进行,并保持较短的初压区长度,尽快使表面压实,减少热量散失,用6~8t钢筒压路机以1.5~2.0km/h的速度碾压1~2遍,初步稳定混合料;碾压时应从外侧向中心碾压,在超高段则由低向高碾压,在坡道上应将驱动轮从低处向高处碾压。采用振动压路机可免去初压,直接进行复压工序。

复压应紧跟初压后进行,不得随意停顿。复压的总长度通常不超过80m,12~15t三轮钢筒式压路机(轮胎式或振动压路机)复压4~6遍,三轮钢筒式压路机速度碾压为2.5~3.5km/h,轮胎式压路机为3.5~4.5km/h,碾压至稳定基本无明显轮迹为止。

终压应紧接在复压后进行,如经复压后已无明显轮迹时可免去终压。终压可选用双轮钢筒式压路机或关闭振动压路机以3~4km/h速度碾压不宜少于2

遍，碾压温度 90～110℃。

碾压过程中，压路机驱动轮应面向摊铺机，开行方向应基本平行于路中线，从外侧向中心碾压，在超高路段则由低向高碾压，在坡道上应将驱动轮从低处向高处碾压。压路机宜采用高频率低振幅，以防止集料破碎。采用三轮钢筒式压路机或轮胎式压路机碾压时，每次应重叠后轮宽的 1/2；振动压路机则每次重叠 10～20cm，压路机折返时应先停止振动。对路面边缘、加宽等大型压路机难于碾压的部位，宜采用小型振动压路机或振动夯板做补充碾压。

(5)接缝

农村公路沥青路面施工一般可采用全幅摊铺。在需要半幅施工时，可采用自然碾压的斜接缝，有条件的宜加设挡板或加设切刀切齐。横向接缝应与路中线垂直，并宜采用垂直的平接缝。平接缝宜趁尚未冷透时人工垂直刨除端部层厚不足的部分或用切割机制作，使工作缝成直角连接。

(6)开放交通

热拌沥青混合料路面应待摊铺层完全自然冷却、混合料表面温度低于 50℃后，方可开放交通。需要提早开放交通时，可洒水冷却降低混合料温度。铺筑好的沥青层应严格控制交通，做好保护，保持整洁，不得造成污染，严禁在已铺沥青层上制作水泥砂浆。

3)沥青贯入式路面施工

(1)放线

放出纵向两条边线和中线，并沿纵向线每 5～10m 设置一木桩，将设计高程标定在木桩上；对于路幅宽度较大的沥青贯入式路面，可以根据施工的需要增加一排或多排桩。

(2)主层料堆放

主层石料运至现场后，根据施工厚度计算施工作业的间距，一般卸料的原则为宁少勿多。

(3)主层料找平

可采用碎石摊铺机、平地机或人工摊铺，也可使用装载机将堆放在施工作业区间内的主层料摊开，再用平地机粗略找平主层料。找平前首先将堆放在施工作业区间内的主层料的料底(石面等)使用人工清理干净。平地机过后在标示的木桩上进行纵横向挂线或使用较长的铝合金，用人工精确找平主层料。找平原则严格按照标示的木桩的高度进行，宁厚勿薄，但不允许主层料重叠。

(4)主层料碾压

找平后适量洒水，封闭交通，用 6～8t 轻型钢筒压路机自路两侧向路中心碾压，碾压速度宜为 2km/h，每次轮迹重叠约 30cm，碾压一遍后检验路拱和纵向坡度，当不符合要求时，应调整找平后再压。然后用重型钢轮压路机按轮迹重叠1/2左右碾压3～4遍，直至主层集料嵌挤稳定，无任何推移现象、无显著轮迹为止。

(5)浇洒第一层沥青

主层料碾压完成后，采用强制水车喷洒少量水，待水干后，用沥青洒布车喷洒第一层沥青。采用乳化沥青贯入时，为防止乳液下漏过多，可在主层集料稳定后，先撒布一部分上一层嵌缝料，再浇洒主层沥青。沥青洒布温度根据气温、沥青标号选择，石油沥青宜为130～170℃，乳化沥青在常温下洒布。分幅浇洒时，纵向搭接宽度宜为100～150mm。

(6)撒布第一层嵌缝料

沥青洒布完成后，立即用撒布机或人工撒布第一层嵌缝料，撒布后尽量扫匀，可利用平地机配合人工将不均匀碎石推平找补。当采用乳化沥青贯入时，石料撒布必须在乳液破乳前完成。

(7)第一层嵌缝料碾压

立即用8～12t钢筒压路机碾压2～4遍，1/2错轮碾压，直至稳定为止。碾压时随压随扫，使嵌缝料均匀嵌入。因气温高使碾压过程中发生较大推移现象时，应立即停止碾压，待气温稍低时再继续碾压。

(8)第二层沥青、嵌缝料撒布

按上述方法浇洒第二层沥青、撒布第二层嵌缝料。用人工耙平或其他的方法整平，清除多余碎石。

(9)封层油、封层料

洒布第三层沥青(封层油)，之后撒布碎石封层，用人工耙平，用6～8t压路机压最后碾压2～4遍，然后开放交通。

(10)初期养护

在通车初期应设专人指挥交通或设置障碍物控制行车，限制行车速度不超过20km/h，严禁畜力车及铁轮车行驶，使路面全部宽度均匀压实。当发现有泛油时，应在泛油处补撒封层料并扫匀，过多的浮料应扫出路外。

4)沥青表面处治路面施工

下面以双层式沥青表面处治为例，介绍层铺法施工工序。单层式表面处治与两层式类似，只是减少了一次洒沥青、撒集料与碾压的过程，且沥青混合料的集料粒径与双层式也有所不同。

(1)施工准备

施工准备是沥青表面处治施工前必不可少的工作，其包括基层准备、沥青加工、矿料准备和机具准备等工作。

基层准备：对有坑槽、不平整的路段应先修补和整平，若基层整体强度不够，则应先予补强。当这类现象占路段车行道面积的10%以上时，要进行大面积的翻修。对在旧沥青路面上的加铺，则其坑洞修补应适当撒布有机结合料与矿料黏结，并夯实压平。

沥青加工：将运至工地的沥青按不同标号分别堆放，并分别抽样检验，合格后方可使用。设沥青加热站，沥青加热在加热站进行。加热站布设于路侧适当位置，当采用洒油车施工时，其间距宜15～20km；当采用手动式小型车时，其间距宜2～4km。布设时应注意选好场址、砌置好炉灶、开挖预热火道、布置好燃料堆放和沥青材料堆放工作；沥青加热。一般桶装沥青的加热熔化过程大致是利用斜坡道滚动推送沥青桶放置在侧面设有火道的墙上，使桶顶朝向溜油槽，出油孔朝下，同时拧开出油孔上的桶盖，然后在火道下方加热熔化，再经溜油槽流入熔化锅化油，并转入加热锅升温至规定温度。需要配油时，可在配油锅中掺配，即再增加一口熔锅供掺配入的另一种沥青事前熔化加热用，然后转入保温锅中备用；熔化尽的空桶应及时移开。加热可在专门的沥青加热厂进行。

矿料准备：按计划需备足各种矿料，对不同规格的矿料应分别堆置，不得混杂。各种矿料运至工地后，应对其规格和质量进行检查，如不符合要求时，应重新过筛再行检查，若有污染者，应用水冲洗干净。当人工铺撒矿料时，矿料可分类分段按用量堆放在路肩（或人行道）上，间距20～30m一堆。而当用机械铺撒矿料时，则可分类集中堆放。注意防止材料污染、雨淋。

机具准备：沥青表面处治的施工机具主要指沥青洒布车、集料撒布机和压路机。对于沥青洒布车，应检查其油泵系统和喷油管道有无故障，油罐上的量油表是否灵敏，以及保温设备、手喷灯和手喷枪是否完好，如有故障，应进行检修。然后将一定数量的沥青灌入油罐，在路上先行试喷，以检验喷出沥青的数量是否与预定的数量相符。喷油工人应根据试喷时的数量控制洒油量。每天收车后，应用少量柴油清洗油泵系统和喷油嘴，并将喷油管的端节卸下，浸在一专制的油槽内。每次喷油前应保持喷嘴干净、管道畅通，喷嘴角度应一致，并与喷管成15～25°的夹角。施工时应多备几套喷嘴。

在农村公路施工中还可用手压式沥青洒布机，它可以和简易的移动式沥青熔炉配套使用。这种机械操作简单、使用灵活、造价低。对于压路机，沥青表面处治压路机的吨位应以能使集料挤紧密而又不致较多压碎为度，通常采用6～8t及8～10t的压路机进行碾压。施工前应检查压路机的规格和机械性能（如转向、起动、倒退、停驶等方面），检查滚筒表面的磨损情况，如有凹陷或坑槽不得使用。

（2）洒透层油

洒透层油前，应沿路面边缘拉线，在线外铺撒约10cm宽的土或砂砾料，或沿线设置可移动的挡板,以避免沥青浇洒不齐影响路面景观。为了做到按定量均匀浇洒,不产生露白或渍油现象,宜划分区段浇洒,以控制用油量。洒油后,应禁止行人和车辆通行,若发现渍油处,可用鬃刷及时刷匀;遇雨受损或有空白时应做补洒工作。此外,洒油前,对已设的路缘石及地下管网井盖等加以遮盖,以防污染。

(3)洒主层油

浇洒主层油前,应根据施工气温及沥青标号来选择沥青的浇洒温度。洒布车的实际浇洒量取决于浇洒带的宽度、洒布车行驶速度以及结合料的稠度和加热温度等,在浇洒前应做试验性洒油,以确定单位面积的实际油量。

洒布车通常根据浇洒定额、路面宽度、路段允许回车长度和施工地点可否中断交通等来确定选择全宽半宽或分几次进行纵向洒油。当纵向分多次行程浇洒时,应注意使纵向接缝处前后两次洒油的重叠宽度控制在10~15cm,横向接缝处则可重叠20~30cm。为了防止相邻路段起终点间重叠过多或不匀,则可用铁板铺盖在接头处,洒完后将板上沥青立即刮除。浇洒主层油时,要沿路面边缘拉线,使沥青洒布整齐;对道路人工构造物及各种井盖、侧平石、路缘石等外露部分以及人行道路面要加以遮盖,防止污染。洒布时应控制好沥青温度,石油沥青宜为130~170℃,煤沥青宜为80~120℃,乳化沥青不得超过60℃。

(4)撒布集料

洒布主层沥青后应立即用集料撒布机或人工撒布第一层集料,并及时扫匀,达到全面覆盖、厚度一致、集料不重叠也不露出沥青的要求。局部缺料处适当找补,积料过多处应将多余集料扫出。两幅搭接处,第一层洒布沥青应暂留100~500mm宽度不撒石料,待第二幅一起撒布。撒布主集料后,不必等全段撒布完,立即用6~8t钢筒双轮压路机从路边向路中心碾压3~4遍,每次轮迹重叠约300mm。碾压速度开始不宜超过2km/h,以后可适当增加。

(5)第二层施工

第二层的施工方法和要求与第一层相同,但应采用8t以上的压路机碾压。最后在表面上做封层撒嵌缝料。单层式沥青表面处治浇洒沥青及撒布集料的次数相应减少,其施工程序和要求参照两层式沥青表面处治进行。

(6)成型碾压

成型碾压应用8t以上的压路机,由两侧向中间碾压,碾压要求与分层碾压要求相同。由于面层是路面的外观层,应特别注意路面的平整,外形及横坡应符合设计的规定。

(7)初期养护

初期养护是确保路面质量的重要工序。碾压成型后即可开放交通,并通过开放交通进行补充压实,逐步成型稳定。在通车初期应设专人指挥交通或设置障碍物控制行车,限制行车速度不超过2km/h,严禁畜力车及铁轮车行驶。沥青表面处治应注意初期养护。当发现有泛油时(泛油是指沥青过多,冒出路面的积油现象),应在泛油处补撒与最后一层石料规格相同的嵌缝料并扫匀,过多的浮料应扫出路外。

5)*砂石路面施工*

砂石路面施工工序如下

(1)备料

备料方式有分场内集中备料和顺路堆放两种。路面堆料要留下雨季排水的通道。

(2)闷料

路拌法直接在码方后的集料中开槽放水闷料,场拌法直接在料场进行洒水或挖槽闷料。

(3)拌和

拌和分路拌法和场拌法。路拌法是在路边备好料后,用机械或人工拌和。场拌法是在路外集中备料,用稳定土拌和机或装载机集中拌和。无论采取哪种方式,拌和均匀后,混合料应较最佳含水率略大1% ~2%,以防施工过程中水分挥发。

(4)摊铺

摊铺(整平和接缝处理)将集料均匀地摊铺在预定的宽度内,并按路拱调整铺筑厚度进行整平。摊铺过程中,将大于5cm的颗粒及有机杂物拣除,可人工摊铺或用整平机摊铺。

横缝处理:两作业段的衔接处,应搭接拌和;第一段拌和后,留3.0~8.0m不进行碾压;第二段施工时,前段留下未压部分与第二段一起拌和整平后进行碾压(前段留下未压部分要注意洒水)。

纵缝处理:应避免纵向接缝,尽量采取满幅铺筑;在必须分两幅拌时,纵缝应搭接;前一幅全宽碾压密实,在后一幅拌和时,应将相邻的边部约30cm刨松拌和并搭接,整平后一起碾压密实。

(5)碾压

直线和不设超高的平曲线段,由两侧路肩开始向路中心碾压;在设有超高的平曲线段,由内侧路肩向外侧路肩进行碾压。碾压发现路面局部不平整应及时进行补实修整。碾压结束时路面表面无明显轮迹。严禁压路机在已完成的或正在碾压的路段上掉头或紧急制动。

(6)铺筑磨耗层

磨耗层是铺在面层上面的一层薄层,利用粗砂、砂砾(要过1cm的筛)等地方材料铺筑,使得原路面不直接遭受行车和自然因素的破坏作用,从而保证路面的强度和稳定性。

第一,要修整路拱,清除浮土和松散颗粒,洒水后撒一薄层黏土,使磨耗层能与原路面密切结合。第二,备料。按10m长度配备粒料,堆积路旁,黏土要打碎过筛。第三,拌和。先干拌,后湿拌,将黏土和石料拌和均匀。用水量要比最佳含水率略高1%~2%。第四,铺料。在路面上先洒水湿润,然后铺料,压实系数为1.3~1.4。第五,碾压。采用轻型压路机一般碾压4~6遍,碾压后,初期须洒水养护,并利用行车压实。

(7)铺筑保护层

设置保护层:保护层一般分为松散保护层和稳定保护层。

保护层施工:松散保护层施工是用松散的粗砂、石屑或过筛砂砾,均匀撒铺在路面上。稳定保护层拌和法施工,将砂与黏土拌和均匀,铺撒在路上,略加压实。稳定保护层层铺法施工,清扫原路面,洒水湿润,铺撒黏土为5~7mm厚,行车碾压后再洒水,再铺石屑等细料,碾压平整。

(8)养护

碾压结束后,要控制车速和车辆通行,洒水进行养护。掺石灰的粒料路面要在施工后养护一周,方可通行车辆。

6)铺砌石路面施工

(1)块石路面

块石路面施工工序如下:

①清扫分段

砌筑前要清扫路基范围的浮土并洒水湿润。砌筑时分段施工,分段长度以5~10m为宜,并每隔5~10m设1道施工缝。

②拌和砂浆

浆砌法施工所用水泥砂浆要准确配料,有木斗或水桶的按体积配比,混合料干拌均匀后,再加水湿拌均匀,随砌随拌。砂浆比例依据当地交通运输部门施工数据而定,或由交通运输部门负责提供。水泥与砂子一般参考比例为1:3~1:7。

③砌筑

砌筑顺序:直线平坦路段先从两侧往中间依次砌筑;纵坡路段从低处往高处依次砌筑;弯道路段从内侧向外侧依次砌筑。选择比较整齐的石块,先铺路边导向石,以利工程线控制高度和平整度。

砌筑方法:砌筑分干砌法和浆砌法。干砌法块石下面不铺砂浆,块石之间要嵌挤紧密,空隙之间用铁锤将小的石头敲实,再用砂砾或石渣把空隙填实。浆砌法施工块石下面要坐一层砂浆,块石之间空隙用水泥砂浆填充并插入小石块插实。

砌筑要领块石路面的质量很大程度上取决于砌筑的质量,砌筑不容许将薄的石片重叠摆放,也不可摆下一堆石料一起砌筑,要摆一块砌一块,砌一块填实一块,丁顺相间或两顺一丁排列,互相交错不得有通缝,错缝不小于 0.08m。石块摆放要保证上面平整、下面稳定,下面空隙较大的,须用小石块支垫牢固。砌筑时石块之间空隙用水泥砂浆填充,用木棒插实,较大空隙之间用铁锤将小的石头敲实,既充分密实,又节约水泥砂浆,以此保证每一块片石的砌筑质量。

选好填缝料:选择水泥砂浆为宜。筹措资金困难时,可采用石灰砂浆填缝,其适用在地势较高不聚水的路段。一般不宜采胶泥土,但认真施工仍可达到满意效果,需要不断填充至密实。从使用效果来看,石灰掺红胶泥形成石灰土效果较好,推荐其体积比为1∶3 ~1∶5。结合当地情况,可寻找新的填缝材料,在实践中探索和完善。有的路段采用工业弃渣钛铁粉渣灌缝,该渣中含有一定的石灰,遇湿后膨胀,可使砌石密实稳定。有的路段采用矾石粉渣拌石灰灌缝,不仅减少了工程投资,也起到了黏合作用。

④养护

铺砌之后要禁止车辆通行,水泥砂浆填缝后要进行一星期的养护,用洒水或湿土覆盖的办法,保证潮湿,使砂浆和石块结合成一个整体。养护期间车辆不得通行。干砌法不需要进行养护,砌完一段就可通行。

(2)弹石路面

弹石路面施工的基本工序如下:

①弹石加工

弹石加工是整个块石路面最基本的施工。要求用抗压强度不得小于30MPa 的石料做弹石路面。禁止使用节理发育、风化、低强度岩石。

半整齐块石的加工程序:开山堆码→分解均匀→细凿顶面平整→粗凿底面→凿棱线→修鼓包→堆码整齐。

半整齐块石的加工要领:四线垂直顶面平,四面大致呈梯形;四边鼓包要削去,圆底葫芦是废品。

半整齐块石要求石块无明显节理、裂隙,规格按设计尺寸通过加工凿成六面梯形台体,尺寸为:高 10 ~ 14cm、顶面宽 8 ~ 10cm、长 12 ~ 15cm、底面宽 7 ~ 9cm、长 10 ~ 14cm,如按顶面和底面控制块石的尺寸时,顶面积不应小于

$100cm^2$,底面积不应小于$70cm^2$,同时也不应太大。

②摊铺砂垫层

级配碎石(或天然砂砾)基层施工完成后,在基层上按设计厚度(一般为3cm)及压实系数(一般为压实厚度的1.3~1.4倍)均匀摊铺具有最佳湿度的中、粗砂或石屑,并用轻型压路机略加滚压,整平而不压实,摊铺不宜太长,一般保持在铺砌弹石工作前10~20m为宜,特别是对雨季施工,应当天摊铺砂垫层,当天铺完弹石并即时碾压。禁止边下雨边施工。垫层砂的要求:

①天然砂含量不大于10%,细砂含量不大于15%,中砂含量不大于30%,其余为粗砂。

②机制砂和石屑、粗砂筛大于60%,扁平料不大于20%,含泥量控制在10%~15%以内。砂垫层禁止使用黏土,而且潮湿状态不得摊铺。

③弹石铺筑。抄平定桩:在铺砌之前,应沿路中线每隔5~10m定横断各点桩(根据路面宽度而定)。其中,路线的整桩及加桩应用水准仪测定,中间桩应预设路拱横坡高度(一般横坡为3%~4%)挂线抄平确定。由于路面滚压后将发生若干沉落,故桩高应较路面高程高出2~4cm。

撒布块石:垫层摊铺好后,将堆放在路肩以外的弹石块按同等规格、同等石质、同种颜色移置到垫层上,提倡分公里同石质同颜色,块石移置数量以够铺满为准,不宜过多。

将准备好的石料中方正、较大石块作为缘石,弹石间应错缝铺砌并在铺砌过程中固定弹石位置,以不摇晃为宜。沿路线两边设宽度为30cm以上土路肩或路缘石包边,起嵌紧作用。

铺砌弹石:弹石路面的铺砌首要是控制好路面的平整度,铺砌中平整度是靠拉线来控制的,铺砌弹石遵循先边缘后中间,边缘石要超前铺5~10m,相对大的石料铺边缘,趋向中心的块石要相对减小,相邻石块不许有顶面积偏大、高度相差大于2cm的现象。纵坡大于1%时铺砌工作应由低端向高端进行。相邻块石应有最大可能的接触面,下部填砂饱满。块石紧密度应达到手拉不出为准。半整齐块石铺砌应横向成行,行间块石与块石紧靠,每3块或3行错缝,错缝顶面应在5cm以上,半整齐块石不得用侧面为顶面。

在铺砌完当天所放的一个单幅线后,通过检查找出个别低落块石或局部不平整、颜色不一致、大小不均匀的弹石(提高或低落块石)。再用3m尺检查在排砌容许误差内才算是完成排砌。接着是用肩用碎石或硬质土将块石路面边缘夯填,其宽度不小于30cm。如需做路缘石的路,要先铺弹石再做路缘石,以免在碾压过程中压坏或者边缘块石漏压,给路面使用带来块石反弹、松动等病害(如用浆砌块石则不存在此问题)。

④撒料压实。每路段铺好以后，即撒铺石渣嵌缝，再用轻型压路机进行初步压实找平，若发现个别石块突出或凹陷，碎裂应将其剔除，调整砂垫层更换石块后即撒布粒径为1～5mm级配良好的中砂于其上，然后细心将其扫入石块缝隙内（用料约为$1m^3/100m^2$）。随后进行碾压，最初用轻压4～5次，然后用重型压路机碾压2～3次。碾压工序应先由两边开始，移向中央，在缝内未塞嵌缝料时，决不允许滚压。

⑤放车通行。最后撒铺粒径为5mm以下中砂或石屑一层，厚度为1～2cm，即可放车通行。

7）基层

路面的基层通常分粒料基层和稳定类基层两大类。

（1）粒料类基层

粒料类基层是指不加入结合料（水泥、石灰、粉煤灰等），直接用粒料构成的路面基层，农村公路常用的粒料类基层有如下几种。

①级配碎（砾）石基层

按密实级配原理，采用级配碎（砾）石，经拌和、摊铺和压实形成的路面基层。由于级配碎（砾）石对粒料尺寸、级配要求较高，农村公路较少采用。

②填隙碎石基层（又称干压碎石基层）

用单一尺寸的粗碎石作为主集料，形成嵌锁结构，起承受和传递车轮荷载的作用，用石屑作为填隙料，填满碎石间的空隙，增加密实度和稳定性，经碾压形成的路面基层称填隙碎石基层。当碎石基层采用干压方法施工成型时，称为干压碎石基层。干压碎石要求填缝紧密，碾压坚实。如土基软弱，应先铺筑低剂量石灰土或砂砾垫层，以防止软土上挤和碎石下陷。为了减轻碾压工作量，有时在碾压碎石的过程中，也可适量洒水。

③天然砂砾基层

天然砂砾基层是指用含土少、水稳性好的天然砂砾铺筑的路面底基层或垫层。对于天然砂砾基层所用的砂砾材料，一般没有严格要求，但为了保证其干稳性及便于稳定成型，对于颗粒组成应予适当控制，其颗粒组成和细粒塑性指数应符合一定要求。一般仅用于路面底基层。

（2）稳定类基层

稳定类基层是指采用一定的技术措施使土或粒料成为具有一定强度与稳定性的筑路材料，以此修筑的路面基层称为稳定类基层。稳定剂无机结合料主要是水泥、石灰、粉煤灰。其主要类型有水泥稳定土基层、石灰稳定土基层、石灰工业废渣类稳定土基层。

①水泥稳定土基层

水泥稳定土基层是指用水泥作为结合料所得的混合料所修筑的路面基层，在经过粉碎或原来松散的土中掺入适量的水泥和水，经拌和得到的混合料在压实和养护后，当其抗压强度符合规定的要求时，称为水泥稳定土，包括水泥稳定的各种细粒土、中粒土和粗粒土。当用水泥稳定细粒土作为路面基层时，视所用土类而定，可简称为水泥土、水泥砂和水泥石屑；当用水泥稳定中粒土或粗粒土作为路面基层时，视所用原材料而定，可简称为水泥碎石、水泥砂砾等。水泥土可用于高级路面的底基层和次高级路面的基层，水泥碎石、水泥砂砾一般用于高级或次高级路面的基层。

②石灰稳定土基层

石灰稳定土基层是指用粉碎的或原来松散的土(包括各种粗、中、细粒土)，掺入适量的石灰和水，经拌和、压实及养护后得到的强度符合要求的混合料所修筑的路面基层。用石灰稳定细粒土得到的强度符合要求的混合料所修筑的路面基层，称为石灰土基层。用石灰稳定中粒土和粗粒土得到的强度符合要求的混合料，作为路面基层时，视所用原材料而定，当原材料为天然砂砾土或级配砂砾时，称为石灰稳定砂砾土基层；原材料为碎石土或级配碎石时，称为石灰碎石土基层。石灰稳定土基层广泛应用于高级路面的底基层和次高级路面的基层。石灰土基层具有就地取材、施工简便、平整度易控制、成本低等优点，非常适用于缺少路用材料地区的农村公路建设。但是在冰冻地区的潮湿路段以及其他地区的过分潮湿路段，不宜采用石灰土作为基层。

③碳工业废渣类稳定基层

一些工业废渣如粉煤灰、煤渣、钢渣、高炉矿渣、煤矸石等含有一定的活性氧化钙和氧化镁，在加水后可与石灰发生火山灰反应，形成较高的强度，可以作为路面的基层或底基层。因此，这类材料做成的基层称为工业废渣稳定类基层。

通常把石灰粉煤灰(简称二灰)稳定土、稳定砂、稳定碎(砾)石所做的基层称为二灰类稳定基层。把石灰煤渣(简称二渣)稳定土称为二渣土，在二渣中掺入一定量的粗集料则称为三渣。目前，应用广泛的是二灰类基层，如二灰碎石、二灰砂砾等。

2.7.3 桥涵

1)桥梁

农村公路上的桥梁主要包括简支梁桥和拱桥两种形式。

(1)简支梁桥

简支梁桥的施工工序为：施工准备、基坑开挖、墩台施工、主梁施工和桥面系施工。

施工准备主要是进行施工前的图纸熟悉、施工组织、施工测量、地质调查、场地准备等工作。基坑开挖包括明坑扩大基础施工和桩基础施工。墩台施工分为石砌墩台和混凝土墩台两种形式。主梁施工包括装配式和现浇两种形式。桥面系包括桥面伸缩缝、桥面防水层、桥面铺装、人行道(或安全防护带)栏杆(或护栏)、泄水管等附属工程。

(2)拱桥

拱桥施工原则上按照"自下而上"的顺序进行施工,其工序为:施工准备、基坑开挖、基础及墩台施工、拱架施工、拱圈施工、拱桥上部施工、拱架拆卸。

施工准备包括熟悉图纸、桥位放线、场地清理和材料准备工作。基坑开挖的基本工序是基坑放线、改河及导流、基坑开挖、坑壁加固、基地清理。基础及墩台施工的基本工序是:基底检平及检验、基础放线、基础砌筑、墩台砌筑、养护。拱架是支撑拱圈的临时构造物,农村公路中常用的有木拱架和土牛拱胎,基本工序是拱架放样、拱架制作与安装、拱架基础处理。拱圈施工分为连续砌筑和分段砌筑两种方式。拱桥上部施工时为避免主拱圈产生过大的不均匀变形、一般应由拱脚向拱顶对称、均衡地砌筑拱上建筑。拱架拆卸时应分步骤、逐渐降落,使拱架分次均匀下降,每次下降均由拱顶向拱脚对称进行、逐排完成,第一次完成后从拱顶开始二次下降,直至拱架与拱圈完全脱离为止。

2)涵洞

涵洞通常由洞身、洞口建筑两大部分组成,农村公路常用的涵洞形式有管涵和盖板涵,如图2.16和图2.17所示。

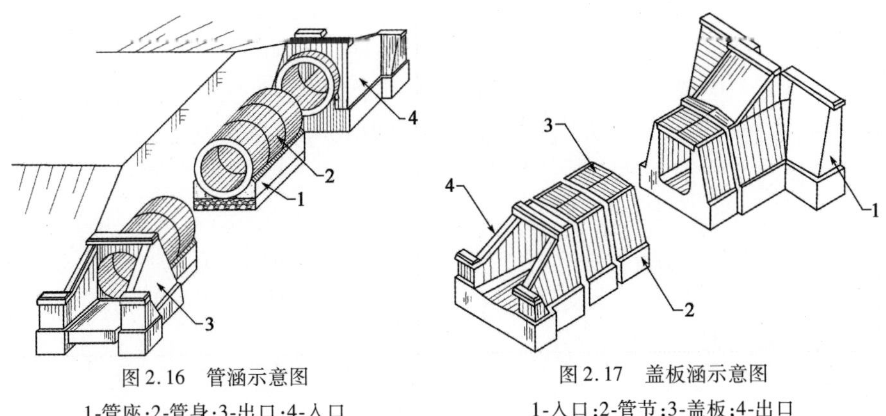

图2.16　管涵示意图

1-管座;2-管身;3-出口;4-入口

图2.17　盖板涵示意图

1-入口;2-管节;3-盖板;4-出口

管涵的施工工序为:施工准备、测量放样、基坑开挖、基础浇筑、管节安装、接缝处理、端墙浇筑及洞口铺砌、涵背回填。

盖板涵的施工工序为:施工准备、测量放样、基坑开挖、基础及涵身砌筑、设置沉降缝、安装盖板。

2.7.4 隧道

农村公路一般应修建双车道隧道。受限路段可以修建单车道的直线隧道或大半径曲线隧道,隧道净高不应小于3.5m,行车道宽度不应小于4.0m;长度应严格控制,不应过长。当单车道隧道与单车道路基相连接,洞口两端应设置错车道,其路基宽度不应小于6.5m,有效长度不应小于20m。

农村公路的隧道施工应该严格按照现行的标准规范实施,不能降低要求,并且要经过工程验收才能投入使用。

隧道施工前,应熟悉设计文件,领会设计意图,并核对平纵剖面、地质资料等是否和现场条件相符,洞口位置、辅助坑道位置、排水系统以及洞口工程与其他工程安排等是否合理。

施工前,应制定详细的测量方案,选定控制测量等级,确定测量方法,估算误差范围。当洞内有瓦斯等易燃易爆气体时,测量工作必须采取防爆措施。隧道施工测量,分洞外地面控制测量和洞内控制测量。地面控制测量主要内容是:对设计单位所交付的洞外中线方向以及长度和水准基点高程等进行复核;洞内控制测量,依据经过校核过的隧道洞口投点,将其引申入洞,作为隧道开挖和衬砌的依据。

洞口段施工中最关键的工序就是进洞开挖。隧道进洞前应对边、仰坡进行妥善防护或加固,做好排水系统。在山岭隧道中,往往采用明洞结构来保护洞口的安全。隧道洞口施工要尽可能避免对山体的扰动,维护山体的稳定。

洞身施工应根据隧道长度、断面大小、结构形式、工期要求、机械设备、地质条件等,选择适宜的开挖方案。常用的开挖方式有钻爆开挖法、机械开挖法、人工和机械混合开挖三种。

为了有效地约束和控制围岩的变形,增强围岩的稳定性,防止塌方,保证施工和运营作业的安全,必须及时、可靠地进行人工支护,人工支护通常又分为一次支护(初期支护)和二次支护(衬砌)两大类。按使用目的和时间又分为临时支护和永久支护。

第3章 管 理 好

管理好是“四好农村路”的重点。顺畅的管理体制、良好的管理机制是农村公路发展的重要保障。我国农村公路实行以县为责任主体的管理体制，但各地区农村公路发展情况不一，必须不断探索和创新农村公路管理工作，建立起责任明确、任务明确、奖惩明确的工作机制。

3.1 管理目标

3.1.1 管理好的内容

根据《交通运输部关于推进“四好农村路”建设的意见》，管理好农村公路的主要内容如下：

按照建立事权与支出责任相适应的财税体制改革要求，构建符合农村公路特点的管理体制与机制。完善县级农村公路管理机构、乡镇农村公路管理站和建制村村道管理议事机制。乡镇政府、村委会要落实必要的管养人员和经费。到2020年，县级人民政府主体责任得到全面落实，以公共财政投入为主的资金保障机制全面建立；县、乡级农村公路管理机构设置率达到100%；农村公路管理机构经费纳入财政预算的比例达到100%。

按照依法治路的总要求，加强农村公路法制和执法机构能力建设，规范执法行为，不断提高执法水平。大力推广县统一执法、乡村协助执法的工作方式。完善农村公路保护设施，努力防止、及时制止和查处违法超限运输及其他各类破坏、损坏农村公路设施等行为。到2020年，农村公路管理法规基本健全，爱路护路的乡规民约、村规民约制定率达到100%，基本建立县有路政员、乡有监管员、村有护路员的路产路权保护队伍。

在当地人民政府统一领导下，大力整治农村公路路域环境，加强绿化美化，全面清理路域范围内的草堆、粪堆、垃圾堆和非公路标志。路面常年保持整洁、无杂物，边沟排水通畅，无淤积、堵塞。到2020年，具备条件的农村公路全部实现路田分家、路宅分家，打造畅安舒美的通行环境。

3.1.2 “管理好”的要求

根据《“四好农村路”督导考评办法》，“管理好”以机构人员配备、路产保护和路域治理等为考评重点，主要包括以下几个方面：县、乡农村公路管理机构和村级议事机制完善情况，管理机构和人员经费纳入地方财政预算情况；路政、运政行业管理情况；路产路权保护的部署和落实情况，推进超载超限治理、用地确权等情况，爱路护路乡规民约、村规民约制定和执行情况；路域环境治理情况，“路田分家”和“路宅分家”情况。

要管理好农村公路必须有以下两方面的支撑条件：一是要有机构和人员。各级交通运输主管部门都要设置农村公路的管理机构，尤其是县级和乡级，目前我国县级和乡镇农村公路管理机构的设置率分别为99.9%和92.9%。同时，县级交通运输主管部门要设置基层养管站点，主要负责农村公路的小修工作，乡镇管养机构可主要负责农村公路的日常巡查和保洁。各级管养机构还必须配备专职的工作人员，必要时可吸收农民群众参与，形成县有养护站、乡有养路队、村有养路员的管理体系。二是要有相应的制度支撑体系，主要包括国家法律、地方法规、规范性文件等，同时各管理机构还要完善自身的管理制度，促进管理的规范化和标准化。

3.2 管理体制

《国务院办公厅关于印发农村公路管理养护体制改革方案的通知》(国办发〔2005〕49号)是我国农村公路管理的纲领性文件，确立了县级人民政府是农村公路的责任主体，农村公路的管理体制与高速公路和普通干线公路的管理存在巨大的差异。

3.2.1 国内外公路养护管理体制

1)我国现行公路养护管理体制

我国现行的公路养护管理体制大体可分为以下四类：

(1)高速公路由省高速公路管理局、高速公路公司、省公路局或地市交通运输局实施管养。

(2)国省道加上部分县道由省级公路管理机构(交通运输厅下属的公路局)实行统一管理和养护，在市县设立直属的分局或站段。其中有些省市近年实施管养下放后，由市县分局或站段归属的地市或县管理(也有的合并到市县交通运输管理部门内，但资金和人员编制仍由省公路局控制，并接受省公路局的业务指导)。

(3)县道和部分乡道，以及少量村道由地市或县政府交通运输管理部门(交通运输局或下设的县乡公路管理所)养管。

(4)乡道和村道，由乡镇及村委会自养，大部分省市的乡村两级未设农村公路管理机构或专门人员，个别省市的乡级设有公路管理站，由乡镇事业干部兼职，村级为村委会指定专人负责。

2）国外的公路养护管理体制

国外在公路管理体制上一般设置中央一级的公路主管部门，通过法律、资金、规划、工程监督等手段，负责国道和干线公路的建设、运营管理。同时，大部分国家都按照行政区设立各级地方公路管理机构，这些机构对其行政管辖范围内地方公路的建设和养护管理负责。农村公路的管理主要集中在州及其以下各部门。如：

（1）美国各州运输厅的主要职责除了落实联邦资助公路的建设和养护管理外，就是负责地方公路的建设和养护。

（2）德国州以下公路的建设和养护，由各县工程处自己负责或者由州公路管理局代管。

（3）苏联对地方公路的建设、管理和养护，由集体农庄、国营农场、工业、建筑业、运输业及其他经济组织以建勤的方式参加，这种建勤方法，可以出人力物力，也可以出资金。

3.2.2 农村公路管理主体机构

农村公路管理养护的责任主体是县级人民政府，其中乡村道管理养护的主体是乡镇人民政府。各级交通运输主管部门作为农村公路管理养护的行政管理部门，是管理主体之一；各级农村公路管理机构作为农村公路管理养护的具体实施单位，也是行业管理主体。

在机构设置和管理方面，大多数省份的农村公路由县级人民政府作为责任主体，县级人民政府交通运输主管部门专设农村公路管理机构，或者县级交通运输主管部门直接承担农村公路的日常管理和养护工作。对于县以下管理机构的设置，由县级政府根据当地情况确定，通常在乡政府中设立一个部门管理农村公路，该部门接受县级交通运输主管部门行业管理；村委会中有人专职或兼职负责村道的管养。

3.2.3 管理模式

农村公路实行统一领导，分级管理的原则，在县级人民政府的统一领导下，实行县道县管、乡村道乡村管的分级管理模式。在具体的管理养护中要坚持如下几点：一个主体，坚持以县级人民政府为管理养护的责任主体；两个支持，坚持省、市两级人民政府，交通运输主管部门的全力支持；三个积极性，坚持发挥县、乡、村三级政府、机构和组织的积极性。

山东省枣庄市和德州市经过不断的探索和实践，总结形成了具有代表性的农村公路管理模式，如图 3.1 和图 3.2 所示。

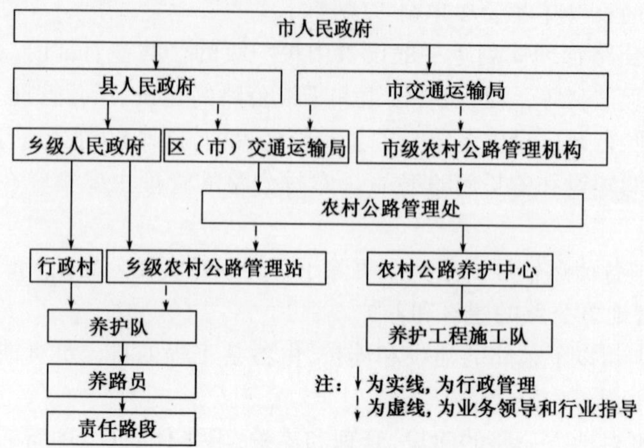

图 3.1　山东省枣庄市农村公路管理模式

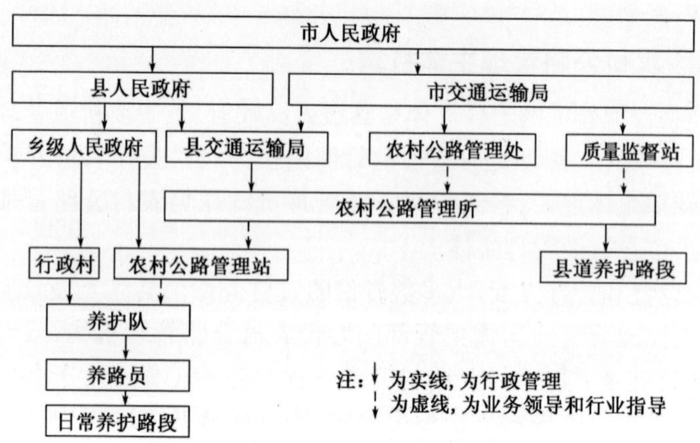

图 3.2　山东省德州市农村公路管理模式

结合我国农村公路管理养护的体制特点，总结出我国农村公路管理养护的适用模式，如图 3.3 所示。各地可结合自身管理养护的特点，参照该模式，构建相适应的养护管理模式。

对于中西部地区地广人稀，经济欠发达地区，农村公路管理养护机构的设置可以打破乡镇区域界限，由县级交通运输主管部门按照片区集中设置综合性的管理养护中心，在承担管理养护任务的同时，还可承担公众服务、客运站点、物流网点等功能，提高基层管理养护设施的利用率。

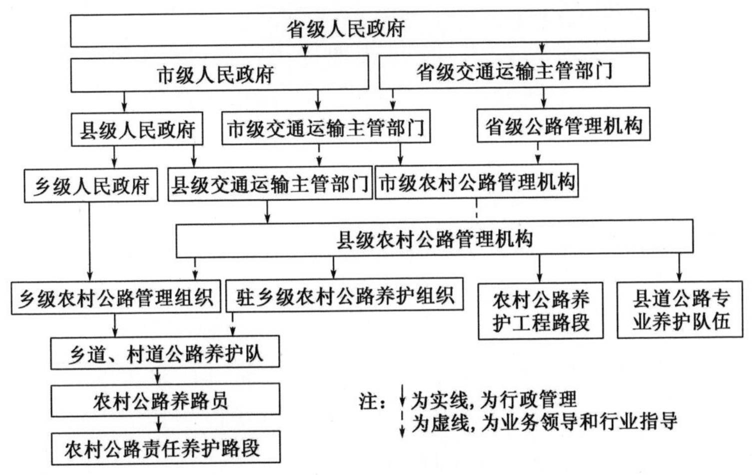

图 3.3　农村公路管理养护推荐模式

3.3　路政管理

路政管理是对公路资产的保护，属于行政管理的范畴。目前的路政管理工作主要由交通运输主管部门或公路管理机构负责实施，县道和乡道的路政管理主要由县级交通运输主管部门实施。但对村道，目前的法律法规中并没有界定其管理主体，而且村道量大面广，受制于机构和人员的限制，村道的路政管理几乎处于空白状态，主要依靠农民群众自发进行监督管理。

3.3.1　路政管理的内容

路政管理是指县级以上人民政府交通运输主管部门或者其设置的公路管理机构，为维护公路管理者、经营者、使用者的合法权益，根据《中华人民共和国公路法》及其他有关法律、法规和规章的规定，实施保护公路、公路用地及公路附属设施（以下统称“路产”）的行政管理。

根据《交通运输部关于修改〈路政管理规定〉的决定》（交通运输部令 2016 年第 81 号），路政管理的主要工作内容包括：宣传、贯彻执行公路管理的法律、法规和规章；保护路产；实施路政巡查；管理公路两侧建筑控制区；维持公路养护作业现场秩序；参与公路工程交工、竣工验收；依法查处各种违反路政管理法律、法规、规章的案件；法律、法规规定的其他职责。

农村公路的路政管理内容与干线公路没有本质的区别，但是由于在《中华人民共和国公路法》中未明确村道的法律地位，导致村道的路政管理没有明确的法律依据，因此农村公路路政管理的核心问题是解决村道的路政管理，明确责任主体,保障机构和人员。

农村公路路政管理的范围主要是用地范围以内,对办理过征地手续的,用地范围按照合同约定划分;未办理用地手续的,则按照边沟外 1m 为用地范围。

3.3.2 路政管理的主体

交通运输部根据《中华人民共和国公路法》及其他有关法律、行政法规的规定主管全国路政管理工作。县级以上地方人民政府交通运输主管部门根据《中华人民共和国公路法》及其他有关法律、法规、规章的规定主管本行政区域内路政管理工作。县级以上地方人民政府交通运输主管部门设置的公路管理机构根据《中华人民共和国公路法》的规定或者根据县级以上地方人民政府交通运输主管部门的委托负责路政管理的具体工作。

农村公路的责任主体是县级人民政府,因此,农村公路路政管理的主体应该是县级政府设置的交通运输主管部门。对于大量的村道,路政管理的基本思路是由乡镇和村委会设置协管员,负责进行监督,具体执法工作由县级交通运输主管部门负责。

农村公路的路政管理可以结合养护管理工作进行,所有的养护人员都可以是路政协管员,结合日常的养护巡查工作,对发现的路政问题及时上报。

3.3.3 农村公路路政管理面临的问题

一是村道路政管理的依据不足。《路政管理规定》仅适用于国道、省道、县道和乡道,未包含村道。主要是由于《中华人民共和国公路法》中未对村道的法律地位予以明确。关于村道的养护管理,仅在《公路安全保护条例》附则中规定村道的管理和养护工作,由乡级人民政府参照本条例的相关规定执行。总体上看,村道路政管理的法律依据不足。

二是必须加强农村公路超载超限治理。根据《超限运输车辆管理规定》(交通运输部令 2016 年第 62 号)规定,二轴货车的车货总质量不超过 18t;三轴货车的车货总质量不超过 25t;三轴汽车列车的车货总质量不超过 27t;四轴货车的车货总质量不超过 31t;四轴汽车列车的车货总质量不超过 36t;五轴汽车列车的车货总质量不超过 43t;六轴及六轴以上汽车列车的车货总质量不超过 49t,上述情形不属于超重,但对一些低等级的农村公路却危害极大,一些不到设计使用年限的农村公路已经不能正常使用了,“民心路”变成了“伤心路”,所以说农村公路更应注重治超超限治理。《公路安全保护条例》第三十四条规定:县级人民政府交通运输主管部门或者乡级人民政府可以根据保护乡道、村道的需要，在乡道、村道的出入口设置必要的限高、限宽设施，但是不得影响消防和卫生急救等应急通行需要，不得向通行车辆收费。

3.4 美丽乡村路建设

党的十九大提出了乡村振兴战略，乡村振兴的其中一个要求是“生态宜居”，其主要内容是美丽乡村建设，作为农村的重要基础设施，美丽乡村路建设是美丽乡村建设的重要内容。

3.4.1 美丽乡村建设

2005 年 10 月，党的十六届五中全会提出了要按照“生产发展、生活宽裕、乡风文明、村容整洁、管理民主”的要求，扎实推进社会主义新农村建设。

2007 年 10 月，党的十七大提出“要统筹城乡发展，推进社会主义新农村建设”。

2008 年，浙江省安吉县正式提出“中国美丽乡村”计划，出台《建设“中国美丽乡村”行动纲要》，提出用 10 年左右时间，把安吉县打造成为中国最美丽乡村。同时，安吉也是“两山理论”的发源地，2005 年 8 月 15 日，时任浙江省委书记的习近平同志在安吉余村调研时，首次提出“绿水青山就是金山银山”的发展理念。2013 年 9 月 7 日，习总书记在哈萨克斯坦纳扎尔巴耶夫大学发表演讲并回答学生们提出的问题，在谈到环境保护问题时，他指出：“我们既要绿水青山，也要金山银山。宁要绿水青山，不要金山银山，而且绿水青山就是金山银山。”

“十二五”期间，受安吉县“中国美丽乡村”建设的影响，浙江省制定了《浙江省美丽乡村建设行动计划》，广东省增城、花都、从化等市县从 2011 年开始也启动美丽乡村建设，2012 年海南省也明确提出将以推进“美丽乡村”工程为抓手，加快推进全省农村危房改造建设和新农村建设的步伐。“美丽乡村”建设已成为中国社会主义新农村建设的代名词，全国各地正在掀起美丽乡村建设的新热潮。

2014 年，国务院办公厅发布《国务院办公厅关于改善农村人居环境的指导意见》（国办发〔2014〕25 号），提出要按照全面建成小康社会和建设社会主义新农村的总体要求，以保障农民基本生活条件为底线，以村庄环境整治为重点，以建设宜居村庄为导向，从实际出发，循序渐进，通过长期艰苦努力，全面改善农村生产生活条件。

2015 年 5 月 27 日，质监总局、国家标准委发布了《美丽乡村建设指南》（GB/T 32000—2015），于 2015 年 6 月 1 日正式实施。标准由 12 个章节组成，基本框架分为总则、村庄规划、村庄建设、生态环境、经济发展、公共服务、乡风文明、基层组织、长效管理9个部分。

2018年2月5日，中共中央办公厅、国务院办公厅印发了《农村人居环境整治三年行动方案》，提出要牢固树立和贯彻落实新发展理念，实施乡村振兴战略，坚持农村农业优先发展，坚持绿水青山就是金山银山，顺应广大农民过上美好生活的期待，统筹城乡发展，统筹生产生活生态，以建设美丽宜居村庄为导向，以农村垃圾、污水治理和村容村貌提升为主攻方向，动员各方力量，整合各种资源，强化各项举措，加快补齐农村人居环境突出短板，为如期实现全面建成小康社会目标打下坚实基础。

3.4.2 美丽乡村路建设

1）美丽乡村路建设要求

农村公路是农村的重要基础设施，美丽乡村路建设是美丽乡村的重要组成部分，要把农村公路整治与改善人居环境结合起来，改变农村环境和村容村貌，助推宜居、宜业、宜游的"美丽乡村"建设。

《国务院办公厅关于改善农村人居环境的指导意见》（国办发〔2014〕25号）指出，要实施村内道路硬化工程，基本解决村民行路难问题。

《美丽乡村建设指南》（GB/T 32000—2015）要求，村主干道建设应进出通畅，路面硬化率达到100%。同时，村主干道应按照要求设置道路交通标志。

美丽乡村路建设的关键是充分发挥地方政府的力量，采取"政府牵头、行业主导、部门参与、社会支持"的模式，结合美丽乡村建设，开展路域环境治理工作。

2）美丽乡村路建设内容

"十二五"期间，交通运输部组织的干线公路改造示范工程创建中，对公路路域环境提出了"八个无"要求，即：公路标志前后500m无广告，无违法建筑物和地面构筑物，无违法搭接道口和占用挖掘公路，无违法跨越和穿越公路的物体，无违法非公路标志，无路基路肩边坡非法种植物，无摆摊设点和打谷晒场，无公路用地范围内堆积物。上述要求主要是针对干线公路提出的，美丽乡村路建设可以参照实施。

路域环境治理包括路内路外两个方面：路外要加强管理，要严格划定公路用地和公路建筑控制区范围；路内要加大力度，治理穿村镇路段，清除非法标志，拆除违章建筑，清理堆积物，改变长期困扰普通干线公路的"脏、乱、差"现象，并通过绿化美化和文化提升，打造"车在路中行，人在画中游"的新形象。

3）穿村镇路段治理

穿村镇路段是农村公路路域治理的重点，目前穿村镇路段主要存在下列问题。

(1)路侧常常堆积杂物、垃圾,存在脏乱差现象,严重影响路域环境。

(2)穿村镇路段两侧民居较多,街道化严重,部分村镇形成集市,路侧存在学校等,行人较多,严重影响通行,也在一定程度上增加了事故率。

(3)过村段往往存在广告牌过多,影响驾驶员对交通标志的观察,对行车产生干扰。

(4)交通标志杂乱,数量不足,车辆行驶不够规范,存在安全隐患。

(5)大多路段边沟被充满杂物,存在堵塞现象,排水不够顺畅,路面容易出现水损坏。

为了确保穿村镇路段的行驶安全性和感官舒适性,应达到以下基本条件:

(1)过村镇路段路面宽度与前后路段一致,保证通行能力。

(2)应保持良好的技术状况,无严重破损。

(3)通过设置边沟、绿化带、人行道、辅路、隔离设施等措施,实施路宅分离。对于有条件的路段,可以设置非机动车道,实现机非分离。

(4)路面应排水畅通,无积水,道路两侧排水应与村镇的排水相结合,村内应设置盖板边沟,有条件的路段设置浅碟形边沟或暗排设施。避免使用矩形深边沟,提高排水能力及安全水平。

(5)完善安保设施,穿村镇路段的交通安全设施尤为重要,应规范行人的过路行为,给车辆提供必要的警告,并使车辆降低车速。在进入村镇前应设置村庄警告标志、注意行人标志和限速标志,在村内可以采用视错觉标线、振荡标线以及部分彩色铺装,提示驾驶员降低车速,降低交通事故率。在横向干扰多的路段可以设置护栏等隔离设施,设置隔离设施处应考虑行人穿越公路的途径。在街道化严重的路段可以设置信号灯及安全岛等设施。

(6)无脏乱差现象。路域范围内无堆积垃圾、杂物等,环境干净整洁。

第4章　养　护　好

养护好是“四好农村路”的关键。养护好的主要目的是保证农村公路处于良好的技术状况，是实现农村公路可持续发展的需要，是交通运输主管部门恪尽职守、履行权利和义务的表现。

4.1　养护目标

4.1.1　养护好的内容

根据《交通运输部关于推进“四好农村路”建设的意见》，养护好农村公路的主要内容如下：

建立健全“县为主体、行业指导、部门协作、社会参与”的养护工作机制，全面落实县级人民政府的主体责任，充分发挥乡镇人民政府、村委会和村民的作用。将日常养护经费和人员作为“有路必养”的重要考核指标，真正实现有路必养。到2020年，养护经费全部纳入财政预算，并建立稳定的增长机制，基本满足养护需求。农村公路列养率达到100%，优、良、中等路的比例不低于75%，路面技术状况指数(PQI)逐年上升。

平稳有序推进农村公路养护市场化改革，加快推进养护专业化进程。以养护质量为重点，建立养护质量与计量支付相挂钩的工作机制。对于日常保洁、绿化等非专业项目，鼓励通过分段承包、定额包干等办法，吸收沿线群众参与。农村公路大中修等专业性工程，逐步通过政府购买服务的方式交由专业化养护队伍承担。有序推进基层养护作业单位向独立核算、自主经营的企业化方向发展，参与养护市场竞争。

以因地制宜、经济实用、绿色环保、安全耐久为原则，建立健全适应本地特点的农村公路养护技术规范体系。加大预防性养护和大中修工程实施力度。积极推广废旧路面材料、轮胎、建筑垃圾等废物循环利用技术。加快农村公路养护管理信息化步伐，加强路况检测和人员培训，科学确定和实施养护计划，努力提升养护质量和资金使用效益。

4.1.2　养护好的要求

根据《“四好农村路”督导考评办法》，“养护好”以资金保障、养护工程开展、路况水平和行业管理等为考评重点，主要包括以下几个方面：《农村公路养护管理办法》规定的养护资金相关政策落实情况；列养率和大中修工程开展情况，优、良、中等路率（技术状况）目标完成情况；路况检测、评定和决策科学化情况，养护台账情况；养护管理规范化、市场化、专业化、机械化情况。

《农村公路养护管理办法》提出农村公路养护应当逐步向规范化、专业化、机械化、市场化方向发展。在2017年全国"四好农村路"养护现场会上，李小鹏部长强调要按照构建现代化公路养护管理体系的要求，推进农村公路养护的规范化、专业化、机械化和市场化。

1）农村公路养护规范化

我国农村公路已经初步构建了以《农村公路管理养护体制改革方案》为基础的养护管理体系，《农村公路养护管理办法》（交通运输部令2015年第22号）进一步明确了农村公路养护的责任主体、资金来源、发展方向等。国家层面顶层设计的逐步完善，为农村公路的养护提供了强有力的指导，但由于我国农村公路具有点多、面广、分布散的特点，而且受到各地区的自然条件和经济发展水平的影响，各地区农村公路的养护方式、养护水平、管理机制存在很大的差异，因此要在国家的顶层设计下，逐步建立适合地方特点的养护管理和技术标准体系。

一是要完善管理制度。县级人民政府是农村公路养护的责任主体，要结合各地的管理体制和要求，通过建立完善的法规制度体系，明确和完善农村公路养护的资金保障、体制机制、监督考核等方面的要求，促进地方政府发挥积极性，落实主体责任。

二是要完善技术标准。我国现行的公路养护技术标准体系中的相关标准规范和技术细则主要是围绕高速公路和普通干线公路的养护需求进行编写，涉及的农村公路部分只是一带而过或是宏观的一般要求，至今仍缺少一本专门的针对性和适用性较强的农村公路养护技术规范。

2）农村公路养护专业化

农村公路基层养管单位的人员结构老化，专业知识能力偏低，而且农村公路养护专业队伍建设还处于起步期，养护能力和养护专业程度远远满足不了日益增长的养护需求，因此提升农村公路的养护专业化水平是当务之急。

一是要加强养护管理人才的培育。通过组织学习、技术培训、业务考核等活动，开阔养护管理人员的视野，加强其对行业发展政策的认识和理解，提升专业素养。

二是要积极培育专业化施工队伍。养护作业施工是农村公路养护的核心环节，保证施工队伍的专业性，对于保障养护作业质量具有重要作用，尤其对于专业性较强的大中修养护工程等，各地应积极培育具有较强专业能力、熟悉当地施工作业特点的施工队伍，发挥现有公路管理机构养护队伍和社会专业队伍的能力，提高养护水平。

三是要积极探索委托专业公司进行农村公路养护管理的模式。采用委托代养、联合管理、过程咨询等模式，与专业能力较强的机构进行合作，发挥其专业特长，参与农村公路的养护管理中，一方面可提升效率与质量，另一方面也可减少行业负担。

3）农村公路养护机械化

随着装备技术的发展，公路养护机械化水平有了很大的提升，机械化作业可以大幅提高养护效率，保障养护质量，同时也提升了施工的安全性和便捷性。对于农村公路养护来说，机械化主要表现在以下几个方面：

一是日常养护的机械化。日常养护是公路养护作业中频次最高、规模最大的作业内容，要根据农村公路的特点，尤其是在县道上要大力推广应用经济适用、功能完备、操作简单的日常养护机械。

二是路况检测的机械化。养护科学决策已成为目前公路养护的重要工作内容，而公路技术状况评定是养护决策的前提和基础，传统的人工检测评定效率低、精度低，已不能满足大规模路网检测评定的需要，借鉴干线公路技术状况检测评定的经验，农村公路也应积极推广路况自动化检测装备，为实现农村公路养护的科学决策奠定基础。与干线公路相比，农村公路的路况检测装备要突出关键检测指标，同时还要适应农村公路路窄、弯急、坡陡等特点。

三是养护工程的机械化。大中修养护工程的技术要求高、工程体量大，更需要通过机械化的方式提高效率、稳定质量。应结合农村公路的特点，在现行干线公路养护机械的基础上，进行优化改良，大力推动多功能、小型化养护机械的应用。

4）农村公路养护市场化

农村公路的发展应坚持政府主导，但在目前基层政府能力有限的情况下，要充分发挥市场的作用，通过市场化的方式缓解农村公路发展面临的资金不足、人员短缺等问题。要按照因地制宜、因类施策的原则，逐步推动农村公路养护模式的多元化和养护的市场化。对于日常养护作业，可充分发挥村委会的作用，鼓励沿线村民和家庭分段承包；对于规模较大的大中修养护工程，积极培育养护市场，鼓励有资质有能力的企业参与到市场竞争中，增强市场活力。

4.2 技术状况检测评定

养护决策是以公路的技术状况为基础，合理测算养护需求、优化分配养护资金、科学制订中长期养护规划和年度养护工程计划。对于农村公路，科学的养护决策也具有重大意义。农村公路的养护规模大而养护资金不足,两者矛盾比较突出,如何利用有限的资金,达到较好的养护效果,使农村公路保持较好的技术状态,实现养护资金效益的最大化,养护决策就显得尤为重要。其中,养护决策的基础是路面的技术状况检测评定。

4.2.1 检测要求

《公路技术状况评定标准》(JTG H20—2007)各等级公路路面破损和路面平整度指标至少每年检测与调查1次。

但由于农村公路的实际情况与国省干线公路有较大的区别,因此对农村公路的检测评定频率可适当降低。《农村公路养护管理办法》规定:县级交通运输主管部门和公路管理机构应当定期组织开展农村公路技术状况评定,县道和重要乡道评定频率每年不少于一次,其他公路在五年规划期内不少于两次。路面技术状况评定宜采用自动化快速检测设备。有条件的地区在五年规划期内,县道评定频率应当不低于两次,乡道、村道应当不低于一次。

同时,《农村公路养护管理办法》要求,省级交通运输主管部门要以《公路技术状况评定标准》为基础,制定符合本辖区实际的农村公路技术状况评定标准,省、地市级交通运输主管部门应当定期组织对评定结果进行抽查。地方各级交通运输主管部门和公路管理机构应当将公路技术状况评定结果作为养护质量考核的主要指标,并建立相应的奖惩机制。

4.2.2 检测设备

路面技术状况评定的前提是有一套能够快速对路面状况进行检测的设备,目前全国已有20多个省份利用CiCS高端检测装备对国省干线的技术状况进行检测评定,检测里程累积400余万公里。但是由于国省干线的检测装备车体较大,检测成本较高,这对于技术等级较低,养护资金有限的农村公路来说是不适用的;而且国省干线检测装备的结果评定分析的周期长,也不适合用于我国较大规模的农村公路上。

由于农村公路与国省干线在技术等级、里程规模等方面存在的差异,农村公路检测装备应具有灵活方便、快速简便、经济适用、检评一体等特点,如图4.1所示。

农村公路智能检评系统一体化装备可实现以车流速度(0~100km/h)同时检测路面平整度、路面损坏、前方图像及GPS信息,也可根据需要检测车辙、几何线形、桥头跳车、构造深度等其他指标。

农村公路智能检评系统一体化装备具有以下功能:根据校桩桩号自动完成

数据梳理;对一条道路进行分段检测后,可进行数据整合后形成一份报告;针对可能由于设备故障导致数据不可用时,系统主动提示;计算机自动同步识别路面损坏。

图 4.1　农村公路智能检评一体化装备

4.2.3　人工检测

由于受到各种客观条件的限制,当前许多地区的农村公路,尤其是低等级公路尚不具备采用自动化快速检测装备进行检测的条件,农村公路的技术状况检测仍然以人工检测为主,检测的内容主要包括平整度和破损。

1)平整度检测

路面平整度人工检测时主要采用 3m 直尺和塞尺,如图 4.2 所示。

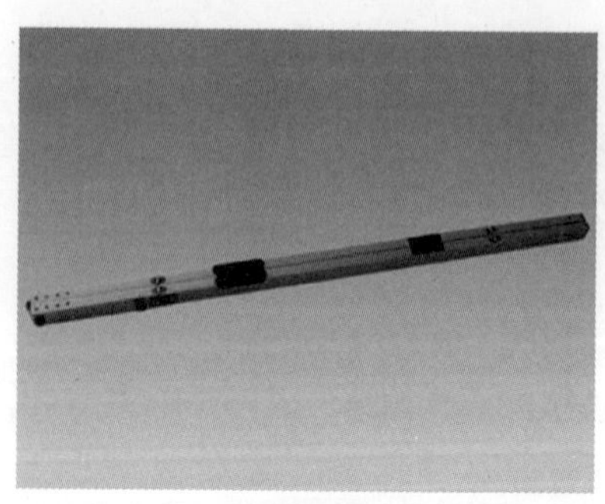

a)3m直尺

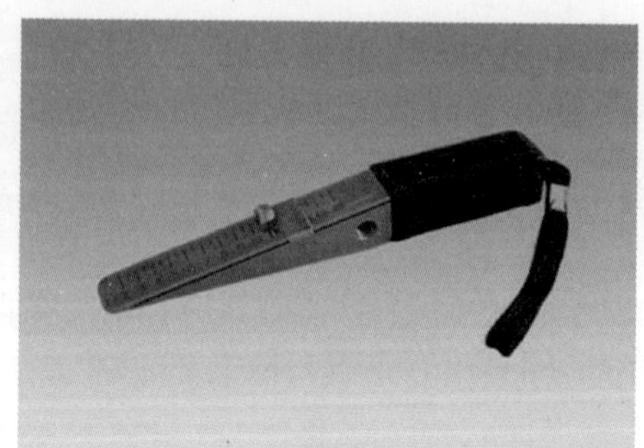

b)塞尺

图 4.2　平整度人工检测工具

测量时,测量指标为直尺与路面间的最大间隙 L_s(mm)。检测时每 100m 路段应测量不少于 1 处,每处连续测量 10 尺。测量指标为最大间隙(mm),取连续 10 尺测得的直尺与路面的最大间隙的平均值。

通过 3m 直尺得到的测量数据应转化成国际平整度指数 IRI,以此来评价路面的平整度,转化关系如式(4.1)所示:

$$IRI = 0.3803L_s - 0.4573 \tag{4.1}$$

式中：IRI——国际平整度指数(m/km)；

L_s——3m 直尺测试最大间隙(mm)。

2)破损检测

人工检测通常由多人组成的调查小组沿线通过目测配以简单的测量工具进行。调查人员鉴别调查路段上出现的损坏类型和严重程度并丈量损坏范围后，记录在调查表格上。同一个调查路段上如出现多种损坏或多种严重程度，应分别计量和记录。

目前关于农村公路的破损类型，各地可在《公路技术状况评定标准》(JTG H20—2007)的基础上，结合本地区的实际情况进行适当简化，交通运输部正在组织制定《农村公路养护技术规范》，其中对于农村公路的技术状况检测与评定将有详细的规定，待正式发布后可参考相关内容开展农村公路路面破损的人工检测。

4.2.4 技术状况评定标准

目前，我国公路技术状况的评定主要依据的是《公路技术状况评定标准》(JTG H20—2007)，但不管是评定内容，还是评定的方法和要求，对于农村公路的指导性较差。在地方层面，为了适应农村公路管理和发展的需要，江苏、重庆等地已经制定了区域内的农村公路技术状况评定标准。

从农村公路的实际情况看，农村公路的技术状况评定标准要在干线公路技术状况评定的基础上进行简化。一方面是病害类型要简化，要充分考虑农村公路的功能作用，强调安全性和破损类指标，对于反映舒适程度的指标如平整度等可以降低权重；另一方面是要简化评价指标，在现阶段农村公路的技术状况评定主要以路面评定为主，路基、桥隧等重点关注存在安全隐患的内容，如四五类桥隧、高边坡等，但可不纳入到技术状况评定体系中。

4.3 养护规划计划编制

规划与计划编制是公路养护的重要环节，农村公路的养护规划要与县域内农村公路的整体发展规划相适应，同时又要充分考虑到公路养护的特点，农村公路养护规划计划编制主要包括以下几个流程：

一是设定养护目标。县级交通运输主管部门要根据国家及行业的相关要求，结合地方的发展规划，合理设定农村公路的中长期养护目标和年度养护目标。

二是确定养护需求。结合设定的养护目标，以及区域内农村公路的技术状况水平,确定出需要进行养护的路段,并分析养护资金需求。

三是确定养护方案。对于需要进行养护的路段,根据公路的技术状况、病害情况、发展趋势等,统筹考虑技术、经济、安全、环保等因素,合理确定养护技术方案。

四是建立养护项目库。县级交通运输主管部门要建立本辖区内农村公路的养护项目库,并进行动态调整。

五是编制年度养护计划。县级交通运输主管部门根据年度养护资金规模,养护目标要求和项目库的储备更新情况,编制年度养护计划。

4.4 养护资金筹措

4.4.1 养护资金来源

养护资金是保障农村公路养护工作正常开展的重要基础,《农村公路养护管理办法》规定:农村公路养护管理资金的筹措和使用应当坚持"政府主导、多元筹资、统筹安排、专款专用、强化监管、绩效考核"的原则。

农村公路养护管理资金主要来源包括:

(1)各级地方人民政府安排的财政预算资金。包括:公共财政预算资金;省级安排的成品油消费税改革新增收入补助资金(即通常所说的"7351"资金);地市、县安排的成品油消费税改革新增收入资金替代摩托车、拖拉机养路费中的基数和增量部分。

(2)国家补助的专项资金,如生命安全防护工程专项资金、水毁防治专项资金和四、五类桥隧改造专项资金等。

(3)村民委员会通过"一事一议"等方式筹集的用于村道养护的资金。

(4)企业、个人等社会捐助,或者通过其他方式筹集的资金。

(5)其他资金。如通过涉农资金整合,应用到农村公路管理养护中的资金;银行贷款等。

各级地方人民政府应当按照国家规定,根据农村公路养护和管理的实际需要,安排必要的公共财政预算,保证农村公路养护管理需要,并随农村公路里程和地方财力增长逐步增加。鼓励有条件的地方人民政府通过提高补助标准等方式筹集农村公路养护管理资金。

省级人民政府安排的成品油消费税改革新增收入补助资金应当按国务院规定专项用于农村公路养护工程,不得用于日常保养和人员开支,且补助标准每年每公里不得低于国务院规定的县道7000元、乡道3500元、村道1000元。

经省级交通运输主管部门认定并纳入统计年报里程的农村公路均应当作为补助基数。

4.4.2 养护资金现状

根据对全国28个地区的调查统计,2016年农村公路年度养护管理资金投入数额为468.6396亿元,其中中央投入资金10.3465亿元,占总投入的2.21%;省级投入资金156.4630亿元,占总投入的33.39%;地市级投入资金45.3008亿元,占总投入的9.67%;县级投入资金256.7100亿元,占总投入的54.78%。

从各级政府投入比例分析,县级政府作为农村公路管理养护的责任主体,资金投入比例最高,超过了资金总量的一半以上,其中县级财政资金是县级资金投入的最主要来源;省级资金投入比例位居第二位,约占资金总量的三分之一,其中主要是燃油税"7351"标准补助部分;市级资金投入占总投入的十分之一左右,市级财政和燃油税替代"拖养费"部分是主要来源。

从资金性质分析,燃油税(包括"7351"补助部分和替代"拖养费"部分)占农村公路养护资金总量的比例合计33.91%左右,是农村公路养护资金中主要的来源之一。除燃油税和车购税两项专项税外,省、市、县三级的投入比例为9.29%: 9.15%: 81.56%。从一般财政对农村公路养护的投入比例分析,省、市、县三级政府的投入比例分别为:11.66%: 12.30%: 75.14%,县级政府的一般财政投入占了绝大部分。

4.5 养护作业管理

4.5.1 养护作业分类

公路养护工程分类是公路养护管理的前提,科学的分类方法对于加强公路养护工作的计划管理、项目管理、养护定额和养护工程预算编制、养护市场体系建设、规范养护工程管理流程、指导日常养护生产、保障养护工程质量等都具有非常重要的作用。目前,我国农村公路的养护管理模式、资金筹措及使用等与养护工程分类均有很大的关系。

1)*养护工程分类方法回顾*

四十多年来,我国公路养护工程分类经历了多次演变。

(1)《公路养护管理暂行规定》(交公路发〔1975〕1273号)

1975年9月25日,交通部发布《公路养护管理暂行规定》,将公路养护任务按工作性质分为小修保养、大中修工程和改建工程三大类:

小修保养。对公路及其一切工程设备,进行预防和修补轻微损坏部分,经常保持原有的完好状态。

大中修工程。对公路及其设备的较大损坏的修理,或在原有的公路技术等级内的添建或局部改善。

改建工程。分期分段提高公路的技术等级,或通过局部改造显著地提高公路的通过能力。

(2)《公路养护工程管理办法》

2001 年 6 月 22 日,交通部印发了《公路养护工程管理办法》(交公路发〔2001〕327 号),将公路养护工程按其工程性质、复杂程度、规模大小划分为小修保养、中修工程、大修工程和改建工程四大类,并对各类工程又作了重新解释:

小修保养。对管养范围内的公路及其沿线设施经常进行维护保养和修补其轻微损坏部分的作业。

中修工程。对公路及其沿线设施的一般性损坏部分进行定期的修理加固,以恢复公路原有技术状况的工程。

大修工程。对公路及其沿线设施的较大损坏进行周期性的综合修理,以全面恢复到原技术标准的工程项目。

改建工程。对公路及其沿线设施因不适应现有交通量增长和载重需要而提高技术等级指标,显著提高其通行能力的较大工程项目。

2018 年 3 月 22 日,交通运输部印发了修订版的《公路养护工程管理办法》(交公路发〔2018〕33 号),将养护工程按照目的和对象分为预防养护、修复养护、专项养护和应急养护。其中,小修保养属于养护作业的范畴但不属于养护工程,改建工程纳入到建设工程中。

(3)《公路沥青路面养护技术规范》(JTJ 073.2—2001)

2001 年 10 月 11 日,交通部发布了《公路沥青路面养护技术规范》(JTJ 073.2—2001),将沥青路面养护工作分为:日常巡视与检查、小修保养、中修、大修、改建工程和专项养护工程。较《公路养护工程管理办法》的分类又增加了日常巡视与检查和专项养护工程两类。

(4)《公路养护技术规范》(JTG H10—2009)

2009 年 10 月 30 日,交通运输部发布了《公路养护技术规范》(JTG H10—2009),将养护工程分类又回归到小修保养、中修工程、大修工程和改建工程四大类。对各类养护工程的解释和各类养护工程的作业内容基本与《公路养护工程管理办法》相同。

《公路养护技术规范》(JTG H10—2009)在附录中对各类养护工程的作业

内容进行了列表说明，图 4.3 为路基养护工程作业内容。

工程项目	小修保养	中修工程	大修工程	改建工程
路基	保养： 1.整理路肩、边坡，修建路肩、分隔带草木，清除杂物，保持路容整洁； 2.疏通边沟，保持排水系统畅通； 3.清除挡土墙、护坡滋生的有碍设施功能发挥的杂草，修理伸缩缝，疏通泄水孔，及清除松动石块。 小修： 1.小段开挖边沟、截水沟或分期铺砌边沟； 2.清除零星塌方，填补路基缺口，轻微沉陷翻浆的处理； 3.桥头接线或桥头、涵顶跳车的处理； 4.修理挡土墙、护坡、护坡道、泄水槽、护栏和防冰雪设施等局部损坏； 5.局部加固路肩	1.局部加宽、加高路基，或改善个别急弯、陡坡、视距； 2.全面修理、接长或个别添建挡土墙、护坡、护坡道、泄水槽、护栏及铺砌边沟； 3.清除较大塌方，大面积翻浆、沉陷处理； 4.整段开挖边沟、截水沟或铺砌边沟； 5.过水路面的处理； 6.平交道口的改善； 7.整段加固路肩	1.在原路技术等级内整段改善线路； 2.拆除、重建或增建较大挡土墙、护坡等防护工程； 3.大塌方的清除及善后处理	整段加宽路基、改善公路路线形，提高技术等级

图 4.3　路基养护工程作业内容

目前，以上几个文件或标准规范除《公路养护管理暂行规定》已废止外，其余都先后进入了新一轮的修订中。

2）养护工程分类存在的问题

养护工程按小修保养、中修工程、大修工程和改建工程四大类的分类方法，对我国多年来的公路养护管理工作发挥了非常重要的影响和作用，是各地交通运输主管部门和公路管理机构向当地财政部门申请公路养护资金的主要依据；也是收费公路管理或经营单位安排公路养护计划和进行养护工程管理的重要依据。但在各地公路养护管理实践中发现这种分类方法也存在以下主要问题急需解决：

（1）分类不全。目前的养护工程分类，没有涵盖公路养护管理的全部内容，尤其是缺少预防性养护和应急性养护等实际养护工作中常用的工程分类。日常巡视与检查、专项工程分类也只在《公路沥青路面养护技术规范》（JTJ 073.2—2001）中有所体现。

①预防性养护

预防性养护是护好路的关键和预防性养护可实现在全寿命周期内保持较好的路况并使养护费用最低的重要意义已被广大公路管理者和工程技术人员所认识。如图 4.4 所示，整个路面寿命周期内进行 3 ~4 次的预防性养护，可延长使用寿命 10 ~15 年，节约养护费用 45% ~50%。

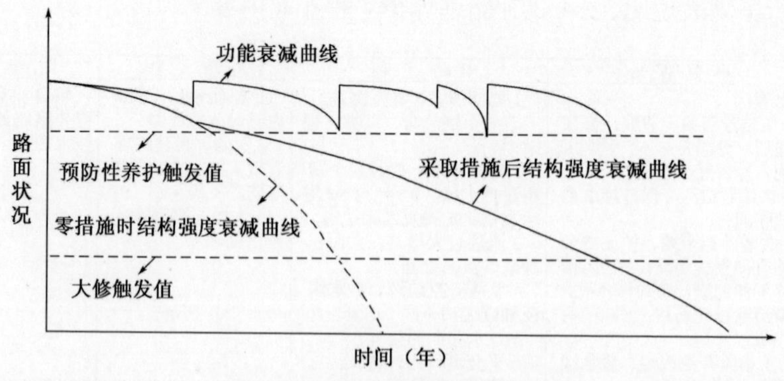

图4.4　路面预防性养护作用示意图

交通运输部在“十二五”和“十三五”公路发展规划以及公路养护发展纲要中反复强调重视公路的预防性养护工作，要安排一定比例的养护资金全面推行预防性养护工作。但目前只有少数地区（如北京）在养护计划科目中列有专项预防性养护科目并每年安排专项资金用于预防性养护工程。绝大多数省份都没有专项预防性养护科目，很多地方将预防性养护纳入中修工程一并安排资金和管理，也有部分地方在小修保养中挤出部分资金用于预防性养护。虽然各地在路面预防性养护的实践中，从管理到技术不断改进和完善，其发挥的作用也逐步显现，全面推广预防性养护的时机逐步成熟，但在养护工程分类中并未体现，使全面推行预防性养护工作由于养护科目上的障碍而得不到资金上的保障。

②应急性养护

近年来，因降水和地质灾害对公路造成的突发性损毁现象越来越多，特别是水毁、塌方、泥石流等。一旦发生，将对公路设施及运营安全构成极大威胁，有的甚至发展为社会公共安全事件。必须在第一时间，采取有效措施进行处治。各地大多以水毁抢修预留资金进行安排，由于应急性养护工程有时数量大、突发性强、需求资金多，加上实效性的特殊要求，在养护市场体系建设中如何定位、如何组织实施、如何进行监管，目前的管理方式越来越不能满足应急养护工程的管理需求。

③专项养护工程

一般来说，在每年的公路养护计划安排中，都会有专项养护工程的科目，但各地对专项养护工程的解释和理解不一。有的是指正常年度计划以外的养护工程；有的是指水毁、灾害治理和桥梁、隧道的维修加固工程；也有的是指小修保养以外的其他养护工程，造成概念上和管理上的混乱。

(2)层次不清。目前的养护工程分类,虽然考虑了工程性质、复杂程度、规模大小等因素,但没有明确的界限,各地对养护工程分类特别是大中修分类的理解和认识并不统一,有的地方按照工程规模和投资额度来划分,有的则按照工程性质来划分,导致实际执行情况千差万别,尤其是人为地将桥梁、隧道、路基的维修加固工程也划分为中修和大修,给行业管理带来了一定难度。

(3)改建工程与新建工程混淆不清。公路改建工程和新建工程往往界限不清,各地其实都将公路的改建工程按照基本建设程序管理,也就是按照新建公路的管理模式进行管理,包括预可行性、工程可行性、初步设计和施工图设计几个阶段的管理,并都设有专门的管理机构、部门或处室。

(4)操作层面差异性大。各地在具体养护工程管理中,对养护工程分类的应用存在着较大的差异。尤其是在养护工程计划安排和养护工程项目管理过程中,各地掌握尺度差异较大。有的侧重按工程性质划分;有的侧重按工程规模划分;也有的按养护工程的专业划分,如路基、路面、桥梁、隧道、沿线设施、公路绿化等。

以上的种种问题,给养护计划安排和养护工程管理带来诸多不便,急需统一。

3)养护作业分类思路

遵循问题导向的原则,养护工程分类要尽可能涵盖养护工作的全部内容和贯穿养护工作的全过程。为便于理解、便于操作,结合交通运输部新版《公路养护工程管理办法》的思路,按照定义层、管理层、作业层三个层次进行分类,并分别作出解释和明确其应用范围。其中,日常养护包含公路全部本体;预防性养护和修复性养护以路面养护需求为主导;桥梁和隧道维修加固、路基灾害防治、沿线设施维修改造、公路绿化工程等列入专项养护工程中,并不再分大中修工程;改建工程纳入新建工程管理体系中,在养护工程分类中不再体现。

(1)定义层

根据养护工程的性质进行划分,明确各类养护工程定义。主要用于表述养护工程性质、养护资金宏观分配、养护年报统计、专业技术交流等。可分为:日常养护、预防性养护、修复性养护、专项养护和应急性养护工程5大类。

日常养护,是对管养范围内的公路及沿线设施经常进行保养、修补轻微损坏部分和维持车辆正常通行的作业。包括日常保养、小修作业和维持性养护等内容。

预防性养护,是在路面尚未出现病害或刚刚出现轻微病害时,为了更好地保持良好的运营状态,延缓未来的路面破坏,延长其使用寿命,在不增加结构承载能力的前提下,在适当的时间,采取相应的技术措施用以保护和改善路面系统的功能状况的养护作业。

修复性养护工程，是对公路及其沿线设施的一般性损坏部分和较大损坏进行定期或周期性的修理加固，以全面恢复公路原有技术状况和标准的工程项目，包括中修工程和大修工程。

专项养护工程，是指除公路日常养护、路面的预防性养护和周期性养护工程外，包括路基、桥梁、隧道维修加固和沿线设施维修改造、公路绿化及公路的局部加宽、裁弯取直、增设爬坡车道和避险车道、增设停车港湾和服务区等工程。

应急性养护，是对公路及其沿线设施因极端天气、自然灾害等原因发生的突发性损毁或损坏进行的应急性抢通保通和修复工程。

(2)管理层

根据养护工程管理的需要，在定义层的养护工程分类下，设置养护工程分类的 14 个二级科目，主要用于指导公路养护计划安排和养护工程项目管理。

①日常养护

在日常养护分类下设置包括日常保养、小修作业和维持性养护 3 个二级科目。

日常保养，是对管养范围内的公路及沿线设施经常进行巡查和保养的作业。

小修作业，是对管养范围内的公路及沿线设施经常进行修补轻微损坏部分的作业。

维持性养护，是指需要进行大修改造的路段(路面)，由于客观原因，当年未安排大修计划；或近期已安排改扩建的路线(段)，为维持其车辆正常通行所采取的较大面积的挖补、沉陷处理、局部路段封层等养护措施。

将"维持性养护"的内容纳入到"日常养护"中，实施方式较为灵活，既可采用市场化的养护方式，也可由基层养管单位组织养护中心、工程队等队伍实施。

②预防养护

预防性养护作业有预防性养护措施和预防性养护工程两个不同的概念，如路面的灌缝、坑槽修补可视为预防性养护措施，并入到小修作业中，但不作为独立的工程项目管理。因此，在预防性养护分类下设置预防性养护工程 1 个二级科目。

预防性养护工程，是指独立立项并管理的对路面实施较长路段、单车道或全断面的薄层加铺、铣铯加铺、就地热再生等养护工程(0 ~ 40mm，沥青路面)，或接缝料清理换填和板底脱空治理及局部破碎板维修工程(水泥混凝土路面)。

③修复养护

在修复性养护工程分类下设置中修工程和大修工程 2 个二级科目。

中修工程，是对公路路面的一般性损坏部分进行定期的修理加固，以恢复路面原有技术状况的工程。

大修工程，是对公路路面的较大损坏进行周期性的综合修理，以全面恢复到原技术标准的工程项目。

根据路面损坏的程度和对路面结构层的修复深度，可将路面大修工程分为功能性大修和结构性大修。

④应急养护

在应急性养护工程分类下设置抢通保通和应急修复工程 2 个二级科目。

抢通保通，是指对暴雨、滑坡、泥石流等造成的路基塌方或中断的大规模路面障碍物的清理；采用抢修便道、便桥等临时性应急措施恢复交通通行并在正式修复前做好保通工作。

应急修复工程，是指对暴雨、滑坡、泥石流等造成的路基塌方或中断的路基路面损毁的修复和防护；边坡出现崩塌、落岩等严重威胁安全通行的病害时进行的防护；垮塌或危及交通安全的桥（涵）、隧道的维修加固等工程。

⑤专项养护

在专项养护工程分类下设置桥隧维修加固、路基灾害防治、沿线设施改造、管理和服务设施、绿化和水土保持、其他专项工程 6 个二级科目。

桥隧维修加固，是指对技术状况在三类及以下的公路桥梁、隧道进行独立立项、设计并组织实施的维修加固和改造工程。

路基灾害防治，是指对公路路基潜在的或已发生的损毁或灾害进行独立立项、设计并组织实施的维修加固和改造工程。

沿线设施改造，是指对较大规模的路网、路线或路段的交通安全设施和其他沿线设施进行独立立项、设计并组织实施的更新、维修加固和改造工程。

管理和服务设施，是指较大规模的公路管理和服务设施进行独立立项、设计并组织实施的建设、维修加固和改造工程。

绿化和水土保持，是指进行独立立项、设计并组织实施的较大规模的公路绿化和水土保持工程。

其他专项工程，是指除上述专项工程以外的需独立立项、设计并组织实施的较大规模的其他养护工程。如公路的局部加宽、裁弯取直、增设爬坡车道和避险车道、增设停车港湾等工程。

(3)作业层

根据养护作业管理的需要，在管理层的养护工程分类下，根据养护作业的内容设置养护工程分类的若干个三级科目，主要用于养护计划的细目安排和指导日常养护生产作业。作业层的科目设置是开放式的，可根据具体养护工作需求进行调整，如日常保养和预防性养护工程的作业层科目可设置如下。

日常保养的作业科目，可按日常保养的具体作业内容设置：

①整理路肩、边坡，修剪路肩、分隔带草木，清除杂物，保持路容整洁。

②疏通边沟、涵洞，保持排水系统畅通。

③清除挡土墙、护坡等防护工程滋生的有碍设施功能发挥的杂草；修理沉降缝；疏通泄水孔，清理松动石块。

④清除路面杂物，保持路面整洁。

⑤排除路面积水、积雪。

⑥桥涵和隧道的日常养护。

⑦标志牌、里程碑、百米桩、界碑、轮廓标等设施的维护或定期清洗。

⑧行道树、花草的抚育、修剪、治虫、施肥等。

预防性养护工程的作业科目，可按具体采用的预防性养护技术设置：

①含砂雾封层。

②碎石封层。

③微表处。

④超黏磨耗层。

⑤薄层罩面。

⑥复合封层。

(4)其他说明

上述分类方法基本涵盖了公路养护作业的所有内容，体现出系统性和全面性。但在养护管理实际在中，还有一项重要工作，就是养护决策。养护决策是各级交通运输主管部门和公路管理机构掌握路网的路况水平并做好公路养护科学决策的前提。养护决策需要专项资金支持，但这一费用一直没有专项科目落实，大多省区市只能靠一事一议申请专项资金或在小修保养费用中挤占。从管理角度来说，在进行养护分类的时候应当进行适当考虑。

4.5.2 养护作业模式

从我国公路管理机构设置和管理模式来看，仅县道以上公路有专门的管理机构和专项养护资金，大量的乡村道路既无专业管理机构又无专项养护资金。根据分级管理的原则，乡(镇)政府和村委会虽然有责任养管公路，但无论是其机构设置、人员配备、专业技能，还是资金来源，都不可能承担大量的农村公路的养管职能。

目前,各地农村公路养护作业模式不尽相同,县级公路的养护生产(包括日常养护和大中修工程),基本上采用国省干线的养护运行机制,由地方公路管理站负责管理。乡道的日常养护工作主要由乡镇负责、地方公路管理站按上级规定负责行业指导和给予一定的经费补助(或以奖代补),或委托地方公路管理部门代养。村道作业模式基本上有三种:一是由乡镇成立固定的专门养护队,负责乡村道的日常养护和大中修。养护队有固定的工作场所,并有少量的机具设备;养护资金由交通运输部门补助一部分,不足部分由乡镇财政解决。这种模式一般在较发达的乡镇采用较多。二是由乡镇政府按区域将乡村道公路的路面保洁、巡查、行道树维护等日常管养工作分段包给沿线村委会,再由村委会将乡村公路养护工作承包给村里的农户。大中修工程通过招投标,由专业队伍施工;养护资金由交通运输部门补助一部分,不足部分由乡镇财政和村委会解决。三是由村委会组织,一年对区域内的乡村公路集中进行两三次季节性、不定期的突击养护(保洁和少量的维修)。这种模式在欠发达地区(特别是山区)采用较多。养护资金由交通运输部门补助一部分,不足部分主要通过投工投劳解决。这种模式养护成本相对较低,但缺乏长效的管理手段,而且养护质量较差。

农村公路养护管理按照生产的机械化和专业化程度不同,基本可以分为四种,即群众突击季节性养护、分段承包养护、道班养护、专业公司养护。

上述各种养护模式的优缺点分析如下:

(1)群众突击季节性养护。这曾经是农村公路养护中采用最多、最为广泛的一种方式,该方式最大优点是充分发挥了农村劳动力资源丰富的长处,在一定程度上弥补了相对缺乏的农村公路养护资金。但随着费税改革的实行,"两工"逐渐取消,从政策上讲,村民已经没有进行农村道路养护的义务,其适用范围缩小到通过一事一议的村道养护。

(2)分段承包养护。易于组织,在一定程度上引进竞争降低了养护成本,且小规模零星作业方式,比较符合农村公路分布广的特点。

(3)道班养护。这是目前农村道路使用最为广泛的一种方式。主要分为三类:第一类是由县级交通运输管理部门负责,以道班的形式在重要农村道路沿线布设;第二类是由地方交通运输主管部门领导,在乡级政府成立派出机构,如交管所或者交管站,从事养护生产;第三类由乡政府领导的机构对乡道进行养护。该方式优点是具备一定的养护机械和相对固定的人员,道路养护质量较高,基本能够完成除大中修外的农村公路和桥涵的养护工程。缺点在于养护生产与养护管理没有分开,上述这些机构在一定程度上发挥管理职能,养护生产的效率较低,一定程度上存在着"养人不养路"的现象,且乡级政府领导的养护机构多属临时性机构,养护工作流于形式。

(4)专业公司养护。养护公司是拥有独立注册资金、相应设备及技术人员和施工资格,在工商税务部门注册登记,具有独立资金调配和权利,与公路管理部门处于独立平等地位,是真正面向市场的实体。

根据上述四种养护管理方式的分析,抓好农村公路养护管理,要将群众突击季节性养护、分段承包养护、道班养护、专业公司养护有机结合起来,逐步建立起"机构精干、体系完整、职能明确、权责一致、管理顺畅、运转协调、行为规范、有效监督、办事高效"的养护管养体制。

(1)实现养护管理和养护生产的分离或部分分离。把公路养护生产从管理机构中分离出来,组建农村公路养护公司,实行企业化管理。明确公路管理部门与养护公司为业主与施工单位的关系,对公司养护机构的用工等问题由自主进行。对于难以实现管养分离的,可以通过人员分类管理实现部分分离。

(2)在农村公路养护市场不够成熟或难以发挥市场作用的时候,根据各地的特点和不同情况,积极探索建立和健全专业养护与群众养护相结合,常年养护与季节性养护、流动性养护相结合,建立完善各种形式的养护承包责任制,包括分段到户、道班承包等,全面推进定额养护和计量支付。在一定的管理体制条件下,充分实现养护方式的多样性,保证其足够的灵活性,以最大程度利用养护资金。

(3)根据本地区农村公路的技术等级、路面结构形式等特点,制定相应的养护技术标准,推广应用公路养护的新技术、新工艺、新方法,降低养护成本,发挥养护资金效益。

(4)积极培育农村公路养护市场,充分发挥市场配置资源的基础性作用。首先要积极培育县级农村公路养护市场,并逐步融入整个公路养护市场中。改变原有养护在较为封闭的行业内部进行的方式,以提高养护生产效率和资金使用效率,将养护生产逐步推向社会,适应市场化要求。

(5)积极筹措包括燃油税、财政转移支付等各方面资金,逐步实行公示、招标和引入竞争机制,提高农村公路养护效率。在养护资金有限的条件下,实行公开招标和引入竞争机制,实现业主、养护施工、养护监理三方面相互监督、相互协调、共同发展的农村公路养护管理新体制。

4.6 养护技术

4.6.1 农村公路病害类型及成因

1)沥青路面

(1)裂缝

农村公路沥青路面裂缝可分为横向裂缝、纵向裂缝和龟网裂,其中横向裂缝的主要表现形式为单条裂缝,大多横贯全部横断面;纵向裂缝的主要表现形式为与行车方向平行的单条裂缝;龟网裂的表现形式主要为纵向、横向裂缝交织成网状、龟状,如图4.5所示。

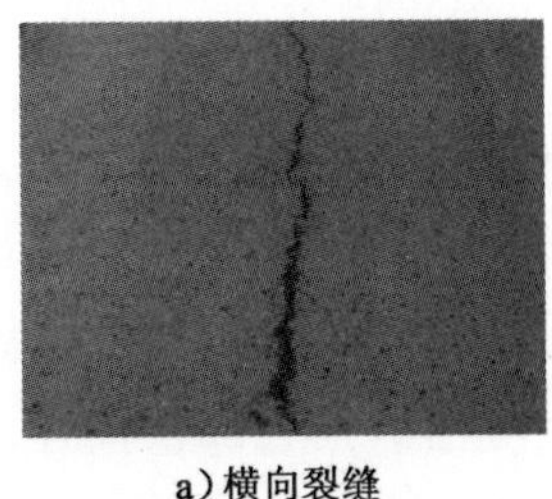
a)横向裂缝

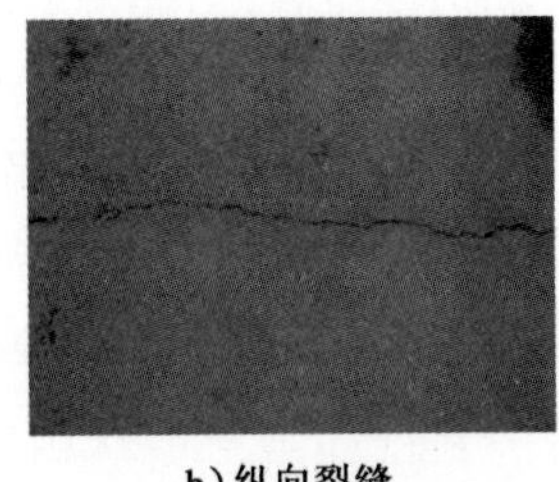
b)纵向裂缝

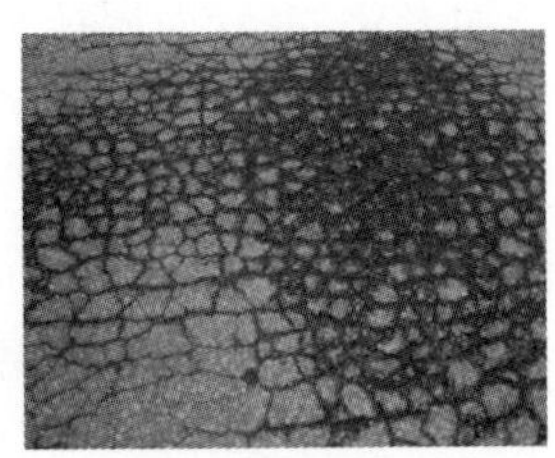
c)龟网裂

图4.5 路面裂缝

根据荷载的形成原因将裂缝分为荷载型裂缝和非荷载型裂缝。

荷载型裂缝,主要是由于行车荷载作用而产生的裂缝。产生荷载裂缝的原因很多,如:

①路面结构设计不合理或厚度不足、路面强度不均匀或路面强度明显不能满足行车要求。在行车荷载反复作用特别是在重车作用下,沥青路面很快开裂。

②路面强度日趋不足,路面回弹弯沉值逐渐增大,满足不了交通量迅速增长的需要。

③对于无机结合料稳定细粒土或稳定细粒土含量过多的粒料土路面基层等半刚性基层,如石灰粉煤灰粒料,基层表层1~2cm内若发生软化,造成地基的不均匀沉降而引起裂缝,在行车荷载作用下,沥青面层将产生龟裂,甚至推移破坏。

④由于施工质量不好,无机结合料稳定土类基层没有拌和到底,在底部留有素土夹层。

⑤由于路面建造时间较久,沥青面层产生的拉应力已经超过当初设计的容许拉应力,使沥青面层被拉裂,随即出现裂缝、网裂、龟裂等病害。

非荷载型裂缝。沥青面层的非荷载裂缝主要是温度裂缝。

温度裂缝主要有两种,一种是低温收缩裂缝简称低温裂缝。沥青材料在较高温度条件下,具有良好的应力松弛能力,温度升降产生的变形不至于产生过高的温度应力。但在冬季,随着温度下降,沥青混合料的应力松弛赶不上温度应力的增长,面层材料中产生的收缩拉应力或拉应变一旦超过沥青混合料的抗拉强度或极限拉应变,沥青面层就会开裂。由于农村公路沥青面层的厚度都不是很大,收缩所受的约束小,所以,温度裂缝主要是横向裂缝。另一种是由于环境气温反复升降，在沥青面层中产生的温度应力日复一日地反复作用在沥青面层中，沥青面层将产生疲劳开裂。这种裂缝称为温度疲劳裂缝。降温过程面层表面的温度变化率最大，因此，温度裂缝总是由表面向下延伸，另外沥青随时间增长而老化，沥青面层抗裂缝能力逐年降低，温度裂缝也逐年增多。

(2)坑槽

坑槽是沥青路面局部破损中最常出现的一种，如图4.6所示。坑槽修补是沥青路面日常养护维修工作中一项难度很大而又费工费时的工作。沥青路面出现坑槽，其引起行车颠簸、振动产生的冲击荷载是正常荷载的1.5~2倍。对坑槽若不进行及时修补和加强，在冲击荷载的作用下，坑槽破损会加快而连成一片，致使局部路段大面积损坏，严重影响路面的使用寿命和车辆行驶的安全性。

坑槽的主要成因如下：

①水损害引起坑槽病害。

②沥青与石料黏结性差。

③沥青路面孔隙率过大。

④沥青用量不足。

⑤施工因素。

⑥气候因素。

⑦养护不及时。

(3)翻浆

路面翻浆如图4.7所示。

图4.6　坑槽

图4.7　翻浆

翻浆成因如下：

①裂缝没有能够及时进行养护，致使水分渗入结构层。

②路基排水设计不当，造成排水不良，在冰冻的作用下，路基上层积聚的水

分冻结后引起路面胀起并开裂。

③路基填料质量不佳，造成路基软化。

④基层水稳定性不良或含水率过大。

⑤道路翻浆是通过行车荷载作用最后形成和暴露的。其他条件相同时，在翻浆季节交通量愈大、车辆愈重，翻浆就会愈多、愈严重。

(4)推移

路面推移如图4.8所示。

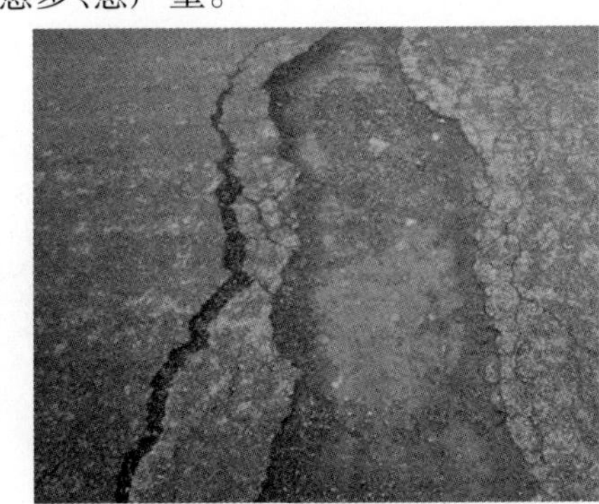

图4.8　路面推移

推移成因如下：

①面层偏薄。农村公路路面设计时，由于投资低和道路等级要求不高，路面厚度大多为3～5cm，多数为4cm，往往偏薄，在交通荷载作用下，路面易出现推移现象，影响正常行车和道路寿命。

②基层强度影响。基层强度越高，则刚度也越高。从弹性模量看，虽然沥青面层弹性模量大于基层弹性模量，但由于沥青面层比基层薄得多，导致沥青面层的结构刚度小于基层的结构刚度，实际上形成了倒装结构。这就说明基层强度并不是越高越好。但路面基层的强度也不能过低，当基层强度小于设计要求强度时，则不能满足基底拉应力的要求，更易导致路面破坏。

③基层碾压质量。在基层施工过程中，混合料含水率较大或偏细，会在碾压过程中使基层表面出现灰浆，形成光滑的表面层，减小了面层与基层之间的摩擦系数，也容易在行车过程中出现路面推移破坏；如果基层表面平整度差或出现高程、横坡度不适现象，则只能在路面面层部分进行调整，这样势必造成路面面层厚度不一致，直接导致路面面层抵抗外力的能力大小相差悬殊，行车、温度变化也容易出现推移病害。

④混合料设计。沥青混合料的性能应通过高温稳定性、水稳定性、低温抗裂性三方面来综合体现，但现阶段路面设计中对混合料不做具体要求，这样设计的混合料往往易失稳而产生推移。

⑤施工质量影响。

2)水泥混凝土路面

(1)破碎板

路面破碎板如图4.9所示。

水泥混凝土路面板块的破碎原因，主要有以下几种：

①设计不当。

②基层失稳。

③路基不均匀沉降。

④其他由于施工原因引起的破碎。

(2)裂缝

常见的裂缝形式有:板中部横向裂缝、胀缝附近裂缝、龟裂等。水泥路面裂缝如图4.10所示。

图4.9 破碎板

图4.10 水泥路面裂缝

裂缝成因如下:

①板中部横向裂缝的主要成因有:工作缝设置不当;混凝土强度或者厚度控制不好,造成刚度突变;切缝不及时,混凝土板长度过大,冷缩和干缩时产生裂缝;桥涵等人工构造处路基层填土不密实,造成局部沉降,使混凝土板受弯拉产生裂缝。

②胀缝附近裂缝的主要成因有:胀缝板材料选择不当或缝隙太小,当混凝土在高温下伸胀时,没有伸展余地,使板端正互相挤压,产生应力集中,在板端正上棱发生破坏;灌缝时缝槽潮湿,灌缝料与缝壁没有很好黏合,致使雨水浸蚀基层,由基层变形产生裂缝。

③龟裂的成因主要有:使用的水泥安定性差或混凝土用砂石料含泥量大,导致混凝土强度降低;路面填料杂乱或压实不好,不均匀沉降使混凝土板呈龟背状裂缝;配比不准、养护不及时、阳光曝晒和外加剂使用不当等等。

(3)磨光露骨

水泥混凝土路面磨光露骨是混凝土表面细集料散失、粗集料暴露,面积在$1m^2$以上,如图4.11所示。

磨光露骨产生的主要原因有:

①施工中使用了不合规范要求的水泥和砂。

②使用级配不好,使用针片状、土块、风化岩、有机质含量过大的碎石。

③泥混凝土配合比不准确。

④其他在施工中可能存在的原因。

(4)断板

水泥路面断板如图 4.12 所示。

图 4.11 磨光露骨

图 4.12 水泥路面断板

断板成因如下:

①原材料不合格。

②基层高程失控和不平整。

③设计与施工不当。

④路面厚度偏薄;板块平面尺寸不当;混凝土混合料的配合比不当;排水设计不合理,排水不畅。

⑤施工工艺不当。

⑥养护不及时。

(5)错台

水泥路面断板如图 4.13 所示。

错台现象常常与唧泥现象、填缝料丧失、路基的不均匀变形等密切相关。此外,以下原因也可造成错台:

①下部嵌缝板与上部缝隙未能对齐,或胀缝两侧混凝土壁面不垂直,使缝旁两板在伸胀挤压过程中,会上、下错开而形成错台。

图 4.13 水泥路面错台

②地面水通过接缝渗入基础使其软化,或者接缝传荷能力不足,或传力效果

降低时，都会导致错台。

③当交通量或基础承载力在横向各幅板上分布不均匀，各幅板沉降不一致时，纵缝也会产生错台。

（6）唧泥

水泥路面唧泥如图4.14所示。

水泥混凝土路面唧泥是由于排水不良或地表水从接缝中渗入等原因而引起，同时伴随板底脱空。唧泥的产生原因是水泥面板直接铺筑在细粒高压缩性土和易冲刷的基层上产生的，唧泥往往是错台、断板、接缝附近断板等病害的诱因。路面唧泥的产生，一般需具备以下条件：

①路基或基层的土处于松散状态，亦即存在松散的细粒土。

②在面板与基层及路面之间有自由水存在，并与松散细粒土混合形成泥浆。

③频繁的车辆轴载的作用，水泥混凝土路面板产生泵吸作用将泥浆喷出、吸入。

（7）坑洞

水泥路面坑洞如图4.15所示。

图4.14　水泥路面唧泥

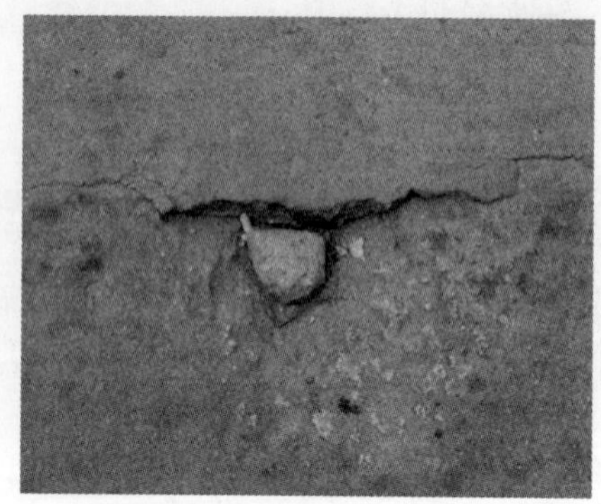

图4.15　水泥路面坑洞

水泥混凝土路面坑洞的产生，主要是粗集料脱落或局部振捣不密实等所致，形成原因如下：

①混凝土级配不合理，混凝土强度达不到设计的要求。

②路基压实度不够。

③路面断角在车载和雨水直接作用下，出现松动破碎，随着时间的推移逐步形成坑洞。

④板边缘出现边角剥落，在车辆的反复撞击下而形成的。

（8）接缝料损坏

水泥路面接缝料损坏如图4.16所示。

图4.16　接缝料损坏

水泥混凝土路面使用一段时间后常常会出现填缝料剥落、挤出、老化碎裂现象。接缝料损坏产生原因：

①接缝料质量差,不符合要求。

②面板施工时,黏结面未处理好,入壁面不洁或潮湿等。

③接缝养护、更换接缝料不及时。

4.6.2　日常养护技术

1)沥青路面裂缝修补

(1)修补方法

裂缝修补是一种局部处理方法,主要是为了防止雨水或碎屑进入裂缝内,具体的操作主要是进行裂缝清理并放置填缝料。裂缝处理一般只能维持几年,几年之后就得进行重复处理。然而,这样的处理方法对延长路面的寿命却非常有效。具体包括下面三种修补方法：

①清缝并灌缝：各种类型的裂缝均可以采用该方法,主要是使用热空气喷枪或压缩空气将裂缝中的碎屑吹出,然后灌入热沥青或者乳化沥青进行封填。

②扩缝并灌缝：在横向及纵向裂缝处理中采用。主要是使用路面锯或开槽机在原有裂缝上设置填缝槽,然后放置填缝料或者灌缝进行封填。

③压缝带封缝：横向裂缝处理中采用。主要是用液化气喷枪烧烤缝面,并用余温烧烤压缝带使其软化,然后粘贴于缝隙进行封缝。

(2)填缝料

农村公路沥青路面出现裂缝破损时,必须结合裂缝填封修补的时机、施工地区的气候条件、降雨量、经济条件及裂缝破损的状况,选择合理的填封材料。对于微、小裂缝通常采用热沥青、乳化沥青、橡胶沥青或以沥青为基质材料的密封胶作为填封材料。而对于出现比例较小的或尽量避免出现的中、大裂缝(缝宽 >19mm),可采用砂粒式或细粒式沥青混合料进行填封修补。

①热沥青

热沥青在各种裂缝填封材料中成本最低,质量也最为稳定,施工人员对热沥青的制备及使用经验也最为丰富。热沥青属于传统的裂缝修补材料,具有养护费用低的优点,所以在许多情况下,将热沥青作为裂缝填封材料是一种较佳的选择。但热沥青的抗老化性、黏结性、温度敏感性以及韧性较差,维修后的裂缝容易在原裂缝处重新开裂。

采用热沥青进行裂缝填封修补，适宜在较温暖的气候条件下及裂缝处于干燥状态时，这样可大大提高其填封修补的效果和耐久性。

②乳化沥青

乳化沥青完全可以作为沥青路面裂缝破损的填封修补材料，填封于裂缝中的乳化沥青经过一段时间，乳液中的水分逐渐蒸发散失，沥青与乳液中的水相分离，当乳液完全分解破乳后，乳液中的沥青便恢复其原有的性能和作用。

③橡胶沥青

橡胶粉改性沥青用于农村公路路面裂缝填充，既经济，又利于环保，同时也能使沥青性能指标不同程度地得到改善。其中，废轮胎胶粉中的炭黑可以抗紫外光并起到提高强度的作用，用于炭黑细微的粒径很容易与沥青混合，使沥青的抗变形、低温抗裂性、高温稳定性和耐疲劳性均有明显的提高，防老剂具有提高沥青抗氧化作用，硫黄可以提高强度，橡胶烃可以提高路面弹性及提高沥青的黏结性能。具有生产工艺简单、便于操作、价格低廉以及填缝效果好等优点。

④密封胶

道路密封胶是含沥青的一种热用聚合物，产品呈固体状，一般是由沥青、合成橡胶、塑化剂、增黏剂组成。具有强黏结力和高弹性，具有在天气寒冷时不会失去黏性、不脆裂，在天气炎热时不粘胎、不外溢等特点。

密封胶灌缝技术具有很强的实用性，密封胶产品是弹塑体，夏季高温有塑性，冬季低温有弹性，这种物质会随着裂缝宽度的变化而伸缩，但始终保持高黏性而密封住裂缝，不仅改善了路面裂缝密封效果，而且还提高了有效密封寿命和路面使用寿命，理论上讲一次灌缝修补，5～8 年免修，并且这种技术还配有开槽机、灌缝机、道路养护车等专用设备，具有自动化、低成本、高效率、质量有保证的特点。但是密封胶的大规模应用时，前期一次性投入多，费用高。

(3)适用范围

原路面基层和横断面良好，仅表面出现纵、横向裂缝。

一般能使用 2～3 年。

(4)施工流程

①交通控制及安全

交通控制一般按照交通管理法规来进行即可，不过有必要事先对路段进行调查，以事先制定防范措施并确定需要的相关的设备。在交通密度较大路段进行裂缝切缝、清缝及修正外露填缝料时应安排专人执旗进行防护。

②切缝

沿着裂缝开一条凹槽，主要是为正在开裂和即将合拢的裂缝提供一个充足的空间，使填入裂缝中的填封材料免于受到过分的拉、压应力的作用及交通荷载对其的破坏。

对于较细的微缝和未成熟的裂缝(缝宽 <6mm),随着气温的改变,这类裂缝还有合拢的可能,再开槽填封则不太合理,也不经济。故针对这类裂缝可采取不开槽填封,省去这一步“开槽”工艺,直接进入到第二步“裂缝的清理和干燥”工艺,再用流动性和渗透性更好的乳化沥青或改性乳化沥青进行填封。

③清缝

清缝即将缝槽内的杂物清除干净并使缝槽干燥,从而使缝槽达到施工的最佳状态。它是施工中最重要的一个环节,因为如果缝槽内有杂物或潮湿的话,很容易导致填缝料与缝壁的黏结失败,可以通过以下几种方式来对裂缝进行清缝。

高压吹风:高压吹风不能产生热量,对裂缝的干燥作用不大,因此,此操作只适用于裂缝缝槽完全干燥及周围环境温度高于4℃的环境。

高压热吹风:不仅适用于条件良好的环境,而且适用于不利的环境,用来干燥、加热缝槽。

喷砂处理:喷砂能够有效地去除裂缝壁上的碎片、浮浆及松的路面碎片,能够使缝壁干净、致密,从而有利于填缝料的黏结,不过需要相对多的人力。

喷砂操作一般在干燥天气下进行,且喷砂机随后往往须紧跟一台高压吹风机,以清除灰尘、碎片。

钢丝刷扫:机械、自动的刷毛机与高压吹风搭配一起适合清扫干燥、浮浆少的裂缝。

高压水喷。

④封缝

灌入填缝料时应用喷嘴从缝槽底部灌入,防止气体封闭在内;

灌缝时操作应连续不中断,对于材料凹进的灌缝方式应将材料灌至合适的高度,对于平缝填,盖帽填或骑缝填,应保证材料充足饱满。

如果裂缝某段材料凹进去或上次操作材料量不够,应在该部位重新灌入材料。

空闲状态下,应使灌缝棒内材料与加热容器内材料循环流动,防止材料冷凝在灌缝棒内。

2)沥青路面坑槽修补

(1)修补方法

坑槽填补包括采用冷、热拌沥青混合料、喷注法以及微表处材料修补破坏区域,以改善路面行驶质量。主要包括以下五种修补方法:

①冷凿热补:切割并凿除需要处理的路面部分,然后用热拌沥青混合料就

行填补并压实。

②微波热补:利用微波加热技术对坑槽等病害处治部位进行加热,再用铁铲和铁耙耙松表面混合料,铲除不用的旧混合料,添加新沥青混合料,最后压实路面。

③红外热补:利用红外线加热技术对坑槽等病害处治部位进行加热,再用铁铲和铁耙耙松表面混合料,铲除不用的旧混合料,添加新沥青混合料,最后压实路面。

④冷凿冷补:凿除需要处理的路面部分,然后用冷拌沥青混合料填补并压实。

⑤喷射冷补:利用自动坑槽修补车自带的鼓风机喷出的高强空气流实现对抗槽内部的清洁,利用喷管喷射的沥青混合料直接修补坑槽。

(2)修补材料

①热拌沥青混合料

热拌沥青混合料(HMA)是经人工组配的矿质混合料与黏稠沥青在专门设备中加热拌和而成,用保温运输工具运送至施工现场(亦有就地加热拌和使用的)。这类修补料在日常坑槽修补中应用最多。因热拌沥青混合料是在热铺、热压下进行修补施工,其修补质量好、耐久性高,常用作坑槽破损的永久性修补材料。

②冷拌沥青混合料

冷拌沥青混合料(CMA)是相对于热拌沥青混合料而言的,它是用适当级配的矿质混合料与适当加热的乳化沥青或稀释沥青在专门设备中常温下拌和而成,可立即使用,亦可常温下装袋或入库储存随后使用。

(3)坑槽热修补技术

所谓就地热再生修补是指对沥青路面有病害的部分通过加热软化,对其进行再生(根据需要可添加乳化沥青、再生剂、新混合料等),并将所形成的再生混合料就地重铺、压实,从而实现热接缝、热界面、热再生的三热修补工艺,并达到消除路面病害、恢复路面性能的道路维修技术。具有以下优点:

①一次成型,没有冷、热材料明显交界和弱接缝,修补质量大大优于传统的常规冷补方法,返修率极低。

②原沥青路面材料可实现再生利用,节省材料,节约能源。

③低噪声、少粉尘、无废料,有利于工人身体健康和环境保护。

④施工时间短,修补 1.5m×1.5m 的路面病害,只需用 20min 左右。

⑤施工时占用车道面积小,能基本保证车辆的正常通行,大大提高公路的使用效率和服务质量。

⑥可全季节施工、巡逻式养护,治理路面病害及时,防止路面病害扩大。即使冬季沥青混合料拌和厂关闭,也可以自带混合料,加热后施工。

⑦外观质量好,修补后的路面平顺美观。

3)水泥路面灌缝技术

(1)填缝料

加热施工式填缝料、常温施工式填缝料。加热施工式填缝料包括 ZJ 型填缝料、橡胶沥青等。常温施工式填缝料包括 M950 灌缝胶、硅酮嵌缝胶、PU 聚氨酯密封胶等。选择的材料应满足现有规范的要求。

(2)工艺

切缝、清缝→压入背衬条→配料搅拌→灌缝→开放交通。

(3)注意事项

①切割时要严格控制宽度,既要切除旧接缝料又不宜把缝扩得很大。切割深度宜控制在 3 ~4.5cm。

②用专用压轮在接缝内压入背衬带,压入深度 2.5cm 左右。一般缩缝采用 ϕ10mm,胀缝采用 ϕ20mm 聚乙烯发泡条。

③灌缝时应按先灌纵缝后灌横缝顺序进行。

④待填缝料固化后(一般约需 3h),方可开放交通。

⑤周期性更换填缝料时宜采用加热施工式填缝料,日常性养护维修时可采用常温施工式填缝料。

4)其他形式路面养护

(1)砂石路面

砂石路面的养护的要求是:经常保持路面平整、坚实,保持路面排水良好,路面的养护应做到勤预防、勤检查、勤修补。

日常养护工作主要是保护层的养护(铺砂、扫砂和匀砂),磨耗层的小面积修补,排除路面积水,保持路面整洁。冬季扫雪、除冰时,应注意防止损坏路面结构。

当砂石路面强度不足,出现坑槽、车辙既深且多,或破坏面积大,且深达基层,或路面沉陷过剧、路基翻浆严重时,应进行大修。

(2)块石路面

块石路面的养护要求是填缝料无散失、损坏,路面平整、无严重碎块,排水良好、无积水,路面洁净、无杂物。

对砌块路面进行局部损坏维修时,应达到下列要求:破碎砌块按照原材料和原尺寸补换;基层和垫层压实处治;缝隙内填料密实、饱满。

4.6.3 预防养护技术

1)碎石封层

沥青碎石封层就是采用层铺法施工,在旧路面强度指标符合要求的情况下,只需要对原路面进行清扫和简单处理,直接洒布沥青和撒铺碎石,经碾压后形成的沥青薄处理层。

(1)分类

按材料可分为:乳化沥青碎石封层、热沥青碎石封层、纤维碎石封层;按结构可分为:单层式、双层式、嵌挤式;按工艺可分为:同步碎石封层、异步碎石封层。

(2)同步碎石封层的施工工艺

①清洁路面。对原路面应彻底清理干净,如图 4.17 所示。人工先用铁锨、扫帚清理干净原路面杂物,后用风炮将灰尘吹净;并保持路面干燥。洒布沥青材料时气温不能低于 20℃,路面温度不能低于 25℃,有雾或雨坚决不能施工。

②提前封闭交通,设置安全导帽、指标牌及限速牌等交通标志。

③确定施工幅度。根据路面的宽度和施工设备性能,合理确定碎石封层的施工幅数及每幅施工宽度。同时,选定标尺,确定参照物,使驾驶员能够按参照物行走,这样既能保持封层的线形,又可以保证在下一幅施工时前后两幅的顺利接缝。确定施工幅宽时,应尽量减少施工幅数,减少纵接缝的数量。

④洒布时应符合下列要求:封层过程中,封层车要行驶平稳、匀速,沥青的洒布温度控制在 160 ~ 170℃,从左向右进行封层施工时,施工第一幅时,应在左侧石料洒布器上加上夹板,防止石料飞溅,施工最后一副时,与左侧采用同样方法,如图 4.18 所示。

图 4.17 清洁路面

图 4.18 同步碎石封层车施工

⑤洒布沥青后,发现有空白时,应及时进行人工补洒;当有沥青聚集时应刮除,防止因沥青结合料的不均匀喷洒导致的剥离、斑纹、泛油。

⑥当发现有条状油斑时，应及时关闭喷油嘴和料门，检查喷油嘴的压力是否符合要求，料门是否被大粒径石料堵塞；当发现有泛油时，应在泛油处补撒嵌缝料。当有过多的浮动石料时，应扫出路面，并不得搓动已粘着在位的石料。

⑦当车内任何一种材料用完时，应立即关闭所有输送材料的阀门，并将封层车按前进方向驶出施工作业段。

⑧压实及成型。当封层车前进约 10m 时，用 9 ~ 13t 压路机碾压。相邻两幅初压完成后，即可进行错轮碾压，全幅碾压遍数不少于 5 遍，碾压时，应遵循先两边后中间、先慢后快的原则，碾压时每次轮迹应重叠 30cm，碾压速度控制在 70m/min，且每次折回的位置避免在同一横断面上，如图 4.19 所示。

⑨接缝处理，在施工缝及构造物两端的连接处操作应仔细，接缝应紧密、平顺。横缝处理，在施工初始前的新旧路面及前后两侧喷撒时产生的接缝应搭接良好。横缝可采用对接法处理方式。在每段接缝处，用铁板或油毡纸横铺在每处起撒点前及终点后，其长度 1 ~ 1.5m 浇洒第二层沥青时的搭接缝要错开。纵缝的处理，施工下一幅时，封层左侧石料的撒布应与上一幅右侧的石料对齐，保证纵缝对接良好。

⑩初期养护及开发交通，封层结束后即可限速开放交通，车速不超过 30km/h。成型后的同步碎石封层路面如图 4.20 所示。

图 4.19　同步碎石封层碾压

图 4.20　同步碎石封层路面

(3)优缺点分析

同步碎石封层具有持久的防水性、高度的防滑性、良好的经济性等优点。在无集料流失的情况下，可以确保 4 ~ 6 年的道路养护性能，使用同步碎石封层技术对路面进行养护，是延长路面使用寿命最经济可行的办法之一。

它的缺点是要有较长的初期养护时间，汽车高速行驶时噪声过大，路面上的松散集料还会被高速行驶的车轮带出而撞击、黏附在车身和风窗玻璃上，集料的丧失还会导致抗滑能力的衰减。同步碎石封层需要专门的同步碎石封层车来进行施工,而同步碎石封层车造价太高,对于大多数的农村公路养护单位来说,配备同步碎石封层车造价偏高、难以实现、普及性差。

(4)同步碎石封层适用范围

①中、小交通量。

②路面基层结构强度大,沥青面层状况好,有轻微不规则裂缝,磨耗层轻度脱落,无路面软基。

2)稀浆封层

(1)施工工艺

稀浆封层的施工工艺如下所示:

①对当日进行稀浆封层的路段进行交通管制,同时做好交通疏导,如图4.21所示。

②清扫路面,使路面保持清洁,利于封层料与原路面结合良好,如图4.22所示。清扫原路面上的泥土和垃圾,对黏附在路面上的泥土和其他杂物用清水冲洗,并保证封层摊铺时原路面不能有积水。

图4.21 交通管制

图4.22 清洁路面

③按路面的宽度调整封层车摊铺槽宽度,半幅摊铺,半幅通车并按此宽度划出引导稀浆封层机定向控制前进的基准线。

④拌和好的稀浆混合料流入摊铺箱,当混合料体积达到摊铺箱容积的2/3时,开动摊铺机以1.5~3km/h的速度前进。摊铺时应保证稀浆摊铺量与搅拌量的一致,保持摊铺箱中的稀浆混合料的体积为摊铺箱容积的1/2左右,同时打开封层机下面的喷水管,喷水润湿路面。

⑤封层车必须保证匀速行驶,并随时观察后面摊铺作业情况,保证路面宽度,如图4.23所示。

⑥稀浆混合料摊铺后,立即使用橡胶耙进行人工找平,对漏铺和稀浆不足处应立即进行修整,如图4.24所示。找平时尤其应注意超大粒径集料产生的

纵向刮痕,应清除并填平。随时填补或铲除摊铺不均匀的地方(离析、大料划痕),并铲除外溢稀浆,保证路肩不被污染。

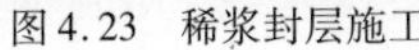

图4.23 稀浆封层施工

图4.24 路面找平

⑦接缝处理:对于横缝,每车的最后2~3m的不均匀混合料应立即铲除,下一车的摊铺应重叠一个摊槽的宽度进行施工;对于纵缝,施工中应对每幅边缘及时修补整齐,做到垂直平顺,对于已凝固的混合料,应进行预湿处理,如图4.25所示。

⑧铺筑后,尚未固化成型前,禁止一切车辆通行。对局部损坏,立即用稀浆修补,以免使病害扩大。成型后的稀浆封层路面如图4.26所示。

图4.25 接缝处理

图4.26 稀浆封层路面

(2)优缺点分析

稀浆封层的优点在于混合料具有流动性,既能封补路面的裂缝,又能铺筑薄层面层,并且能与旧沥青路面牢固结合,形成崭新的面层,具有防水、防滑、耐磨及平整的特性,可以治疗路面早期病害,延长路面使用寿命。

其缺点也很明显,由于稀浆封层厚度较小,所以不能提高路面的强度,此外稀浆封层也需要专门的机械设备,造价偏高、普及性差。

(3)适用范围

结构强度足够、表面状况良好的路面,路面整体变形不大,平整度应在6mm以下。允许的路面损坏类型和程度包括:轻微不规则裂缝、轻微龟裂、麻面、轻微松散、泛油和磨光。

3)开普封层(碎石封层+稀浆封层)

开普封层是下层采用碎石封层,上层采用稀浆封层的复合封层,其施工工艺与稀浆封层和同步碎石封层施工工艺相同。成型后的开普封层如图4.27所示。

图4.27 开普封层路面

(1)优缺点分析

①开普封层作为农村公路路面养护中的一种新型技术,以其成本经济、建设速度快、维护方便、行车舒适的优异特点,扩大了农村公路路面养护技术的选择范围。

②开普封层可治愈裂缝,能提供比单层碎石封层更为平整的路面,具有比稀浆封层更高的耐久度,与热拌沥青混凝土相比寿命相当但造价更低。开普封层采用了连续级配石料和柔性沥青胶结料,因此其路用性能、表观效果、行车舒适性、安全性等方面优于一般封层路面。

③在同类型的封层中,开普封层可以达到热拌沥青混凝土路面的效果,而且经济性优越,又具有施工工艺简单、对施工设备要求低、可以利用当地劳动力、增加当地农民的收入等特点,所以在农村公路中应加强研究。

④开普封层经济适用的路面方案为农村公路发展提供了有力的支持,从而可产生巨大的社会经济效益。但其用于农村公路路面养护,相比于稀浆封层、纤维土工布表面处治技术以及同步碎石封层来说,初期成本较高,其性价比还有待于对示范工程路面长期的使用效果进行。

(2)适用范围

交通量较大,路面病害比较严重,结构强度严重不足的农村公路。

4)水泥路面板底灌浆技术

水泥混凝土路面灌浆技术是采用小型施工机具钻孔穿透水泥面板,向板下填充水泥灰浆液,通过施加高压使板底基层松散处得以填充密实、基层与面板脱空处能够连接密实以达到面板均匀传荷的目的。

(1)注浆材料

水泥注浆材料强度高、造价低廉、材料来源丰富、浆液配置方便、操作简单,是使用量最大的浆材。随着时间发展,人们在实践中发现普通水泥的粒径较大,当向较小裂隙的土体注入时显得无能为力,于是开始研究化学浆液和超细水泥。化学浆材可注性较好,浆液黏度低,但一般都具有毒性且价格较高。因此,化学浆液的应用范围也受到限制。于是各种低毒、无毒、高效能的改进浆材逐渐出现。至今,国内外各种注浆浆材品种达百余种以上。

快裂型乳化沥青是一种有效的注浆材料。乳化沥青破乳后,能够与基层材料形成一层防水隔离层,达到下封层的目的,有效防止脱空处再次发生水损害,并且具有很好的流动性,易于灌入板底,灌浆压力小于 0.5MPa,施工较为简便。乳化沥青的主要缺点是强度偏低,使得基层刚度不足,且乳化沥青材料受温度的影响大,因此单纯利用乳化沥青进行压浆处理脱空难以达到目的。可以通过添加超细粉煤灰、膨润土、缓裂剂或水泥改良,形成一种半刚半柔性的灌浆材料。

(2)注浆材料要求

①浆液黏度低,流动性好,可注性好,能够进入细小孔隙或粉细砂层中。

②浆液凝固时间在一定范围内可调,并能够准确控制。

③浆液稳定性好,在常温、常压下较长时间存放不改变其基本性质,不发生强烈的化学反应。

④浆液无毒、无臭、不污染环境,对人体无害。

⑤浆液对注浆设备、管路、混凝土建筑物无腐蚀性,并且容易清洗。

⑥浆液固化时无缩率现象,固化后与岩土体、混凝土等有一定的黏结性。

⑦浆液结石体具有一定抗压强度,耐老化性能好。

⑧浆液配置方便,操作易于掌握,原材料来源丰富,且价格低廉。

一般注浆材料较难同时满足上述所有要求。因此,根据工程具体情况选用某种或某些符合上述几项要求的注浆材料即可。

(3)施工工艺

灌浆处治主要施工工序为:编号、定板、布孔、钻孔、制浆、压浆、堵孔、封孔、清洗、养护。

①编号

对要检测路段的每块板进行编号,为压浆定板做好准备。

②定板

通过脱空检测手段,确定并标明哪些板为深层注浆,哪些板为浅层注浆。

③布孔

注浆布孔现在通常按图 4.28 所示进行,也有采用去掉中间孔采用四孔的布孔方式。

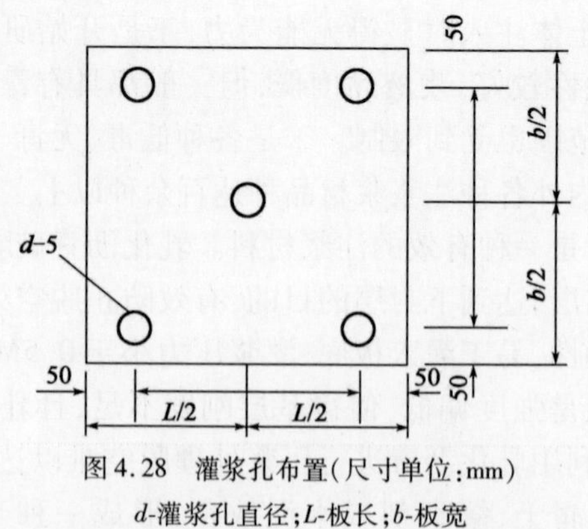

图 4.28 灌浆孔布置(尺寸单位:mm)
d-灌浆孔直径;L-板长;b-板宽

④钻孔

孔深以穿透板厚为宜,浅层注浆通常以穿透面板 1 ~ 2cm 为宜,深层注浆穿透结构层 5 ~ 6cm 为宜,钻入上基部分不要超过 7cm。钻孔过深注浆后容易形成支撑,不利于结构的整体受力,因此应避免过钻的现象发生。可以通过在钻杆上做标记的方法来避免过钻现象的发生。

⑤制浆

如某试验路中采用注浆材料配合比为水泥:粉煤灰:膨胀剂:水:减水剂 = 1:0.45:0.16:0.68:0.024;水胶比 = 水/(水泥 + 粉煤灰 + 膨胀剂) = 0.42;施工时严格按照配合比进行。由于外加剂种类的不同,投料的顺序对浆体的强度、流动性都有很大的影响。通过室内试验确定试验路投料顺序为水、胶材水泥 + 粉煤灰 + 膨胀剂及 80% 的减水剂搅拌 60s 再加入 20% 的减水剂搅拌至规定时间。必须采用机械拌和,搅拌时间为 150s、各种材料称量、拌和时间要准确,不应出现欠拌或过拌现象。

⑥压浆

压浆必须按照一定顺序进行,一般应先压低处的孔,再压高处的孔,依次向前推移。压浆时对每个孔位的压力和时间应严格把握,压力达不到不行,达到了不稳定也不行,稳压时间对压浆结果有很大影响。

将灌浆栓塞花管打入孔中,锚固于水泥板块,栓塞底部适当离开基层,软管出料口套在栓塞上并固定好,如果连接不牢固或密封不够,就会发生漏浆、暴孔、压力不足等现象。压浆时,应缓慢均匀加压,一般当压力达 0.3 ~ 1.5MPa 之间某一值时,应保持稳压状态 2min 以上,让浆液在板底充分流动渗透,以达到挤密和充实的效果,然后打开卸荷开关缓慢降压,压力回零。根据施工经验,压浆时压力一般控制在 0.3 ~ 1.5MPa,在施工过程中应随时观察控制。压浆过程中,相邻板压浆间隙均应不停止制浆搅拌,以保持浆液均匀、不离析。

⑦堵孔

压浆时若发现灰浆已从压孔或者压过的孔溢出时应用木塞压紧10min拔出木塞后,无须再进行压浆。

⑧清洗

每次压浆收工时以及午休时间,必须用清水冲洗搅拌桶,此时液压泵照常工作,使水经管道、压浆泵从高压管中排出,将各部件残留浆液彻底排除冲洗干净,防止水泥浆堵塞压浆泵。灌浆后残留在路面的灰浆要及时清扫并用水冲刷,避免灰浆流入路面缝隙,防止污染路面。

⑨封孔

压浆结束应立即拔出灌浆栓塞,立即插上木塞,以便有足够的时间使灰浆充分凝固。在复压力下,确保灰浆不会从孔中挤出时,方可将木塞拔出,并用快凝水泥砂浆永久性密封孔口,先用钎子捣实,然后抹平。封孔水泥应比原路面高出1~2mm,或者加一定量的膨胀剂,防止水泥砂浆收缩后低于原路面形成坑洞。

⑩养护

灌浆后的2h内禁止车辆通过灌浆区,一般养生期为3d。

4.6.4 修复养护技术

1)基层补强加铺技术

该技术适用于纵、横向裂缝基层伴有基层结构松散、交通量较大、结构强度不足等。使用时需对原路面结构进行挖补或挖除。使用年限一般为5~10年。

2)沥青路面就地冷再生技术

该技术是利用专业设备把面层和基层打碎拌和的同时掺入稳定剂和水,压实后作为基层,适用于纵、横向裂缝基层伴有基层结构松散、交通量较大、结构强度不足等。使用年限一般为5~10年。

3)沥青路面厂拌热再生技术

该技术是对挖除或铣刨的旧沥青混合料运回工厂,重新加入再生剂再生,按一定比例掺入新料中,重新摊铺在道路上。使用时需对原路面结构进行铣刨或挖除。使用年限一般为5~10年。

4)水泥路面碎石化技术

水泥混凝土路面碎石化是一种旧水泥混凝土路面破碎处治技术,该技术是将水泥混凝土路面的面板,通过专用设备一次性破碎为碎块柔性结构,因破碎后其颗粒粒径小,力学模式更趋向于级配碎石,因而将其命名为碎石化。碎石化后可以作为基层,在其上直接加铺沥青面层和水泥面层。

(1)碎石化的设备

碎石化的主要设备有 MHB(Multiple-Head Breaker)类设备和共振式设备，与破碎设备配套使用的还有 Z 型压路机。

①MHB 类设备

MHB 是一种多锤头破碎设备，破碎后的颗粒组成特性好，如图 4.29 所示。颗粒的尺寸可以通过控制重锤下落高度来调整。MHB 破碎能量能传递到较大的深度，离重锤作用位置较远处吸收的能量占总能量的比例相对较小，产生的颗粒较大。

②共振破碎机械

共振破碎机械的施工效率较高，产生的破碎颗粒粒径较小，这种破碎机械产生的冲击能量传播范围小，对附件构造物的影响小，但其破碎宽度也较小，需往返多次，破碎后板块要受到机械胶轮作用，易对结构产生不利影响。共振破碎机械如图 4.30 所示。

图 4.29　MHB 碎石化设备

图 4.30　共振式破碎机械

③Z 型压路机

Z 型压路机是一种自重不小于 10t，并且在的钢轮表面带有 Z 状纹理的振动式压路机，如图 4.31 所示。Z 型条纹可以保证轮下颗粒不至于向外挤出，对表面颗粒有更好的压碎效果，有利于表面平整。Z 型压路机的作用是进一步碾压碎石化后的路面，为加铺层提供一个平整的表面。

图 4.31　Z 型压路机

碾压设备除了 Z 型压路机外还应包括：

①胶轮压路机：胶轮压路机的毛重应不小于 25t，在 Z 型压路机碾压过后进一

步压稳碎石化后的路面。

②光轮振动压路机：在振动模式下运作时压路机的毛重不小于10t，可以平整碎石化后的路面，为其上的沥青面层提供一个平整的表面。

(2)碎石化准备工作

①排水系统

碎石化后的混凝土板块与粒料基层类似，如果不允许自由排水的话就会饱水。因而，如果条件允许，至少应在碎石化施工前两周使排水系统投入正常运行。

②特殊路段的处理

在破碎之前修复软弱基层和底基层，对混凝土路面存在其他缺陷的路段，如车辙、错台、翻浆等应进行处理。

③锯缝

在与碎石化的路面相邻的路面上，应沿已有接缝切割新的、全深度的锯缝。切断碎石化路面与邻近路面间所有的传荷装置。

④构造物的标记和保护

MHB 破碎会产生较大范围的冲击波，有可能损坏与破碎位置邻近的构造物。在施工时要尽量避免。按照施工前路况调查资料所得到的资料，根据构造物的类型采取相应的保护措施。

⑤设置高程控制点

标记有代表性以及破坏较严重的路段或桩号（尤其是板底脱空程度严重、板角断裂较大、裂缝较大处），对上述所选路段进行高程测定，以方便在施工中监测高程的变化情况，根据结果对局部破坏严重部位进行判断。

⑥维护交通

在碎石化施工之前应修整保留的路面或路肩以便施工期间开放交通。

⑦预裂要求

在一些少见的路段，如岩石基层或混凝土基层，应进行混凝土路面的预裂。因为，此时混凝土面层的厚度极大或基层十分坚硬，破碎锤头可能只能使其开裂，而不能达到碎石化的效果。预裂后，根据情况进行试验段施工，确定第二次破碎的施工参数。

(3)碎石化施工

①碎石化粒径要求

碎石化后的颗粒粒径应不大于30cm。并且对不同板厚处的颗粒规定了最大粒径，要求75%的颗粒满足要求：

板块下半厚度范围内，粒径不大于30cm。

板块上半厚度范围内，粒径不大于7.5cm。

板块顶面上颗粒粒径不大于5cm。

在施工过程中,如果所破碎的颗粒的表层粒径过大,就可主要通过增加落锤高度和适当增加锤击频率来得到较小的粒径,这就要求在每一段路施工开始之前进行试破碎,以得到较优效果。

②碎石化参数调试

在碎石化施工正式开始之前,应根据路况调查资料,在有代表性的路段选择至少50m长的路面作为试验区,并在试验区内随机选取6个独立的位置开挖$1m^2$的试坑,试坑的选择应避开有横向接缝或工作缝的位置。

最后,记录符合要求的MHB碎石化参数。在正常碎石化施工过程中,应根据路面实际状况对破碎参数不断作出微小的调整。

③MHB破碎顺序

MHB破碎操作的次序应在满足破碎效果的基础上保证有利于表面排水。一般情况下,应先破碎路面两侧的车道,这是因为两侧缺乏侧向约束,有利于破碎,然后破碎中部的行车道。

④施工中和施工后修复软弱基层或底基层

对于在碎石化施工时发现的部分单独的软弱基层或底基层,在无特殊规定的情况下可按特殊路段的处理方案进行处理。

⑤凹处回填

旧路面碎石化完毕后不应再做任何修整或试图平整路面以提高平整度,这样将破坏混凝土路面碎石化以后的效果。在压实前发现的5cm以上的凹处应用密级配碎石粒料回填,并保证压实后的高程与周围碎石化路面形成平整的表面。

⑥破碎后的压实要求

为了防止压实过度而将碎石化层压入基层,应避免在潮湿的条件下进行压实操作,特别是在稳定性有问题的地方。压实按如下顺序进行:Z型压路机至少三遍、胶轮压路机一遍、振动钢轮压路机一遍。

⑦乳化沥青透层

为使表面较松散的粒料有一定的结合力,建议使用透层油,用量控制在$2.5 \sim 3kg/m^2$,乳化沥青透层表面应适量撒布石屑,用量以覆盖油层为标。

第5章　运　营　好

运营好是“四好农村路”的目的。运营好的本质是服务好，一方面是为农村的社会经济发展服务，一方面是为社会公众的出行服务。

5.1　运营目标

5.1.1　运营好的内容

根据《交通运输部关于推进“四好农村路”建设的意见》，运营好农村公路的主要内容如下：

坚持“城乡统筹、以城带乡、城乡一体、客货并举、运邮结合”总体思路，加快完善农村公路运输服务网络。建立农村客运班线通行条件联合审核机制。加快淘汰老旧农村客运车辆，全面提升客车性能。强化驾乘人员的安全培训和教育，提高从业人员素质。在城镇化水平较高地区推进农村客运公交化，鼓励有条件的地区在镇域内发展镇村公交。通客车的建制村2km范围内要建设农村客运站点（招呼站），选址要因地制宜，充分听取群众意见。农村客运站点（招呼站）应与新改建农村公路项目同步设计、同步建设、同步交付使用。到2020年，具备条件的建制村通客车比例达到100%，城乡道路客运一体化发展水平AAA级以上（含）的县超过60%。

推进县、乡、村三级物流站场设施和信息系统建设，按照“多站合一、资源共享”的模式，推广货运班线、客运班车代运邮件等农村物流组织模式，大力发展适用于农村物流的厢式、冷藏等专业化车型。到2020年，基本建成覆盖县、乡、村三级的农村物流网络。

5.1.2　“运营好”的要求

根据《“四好农村路”督导考评办法》，“运营好”以客货运发展情况为考评重点，主要包括以下几个方面：具备条件的乡镇、建制村通客车情况；农村客运班线安全通行条件审核情况；城乡客运一体化发展情况；覆盖县、乡、村三级农村物流体系建设情况。

交通运输部提出的“运营好”内容及要求主要侧重于农村的客货运输。随着美丽乡村、全域旅游、乡村振兴等战略的实施,以及农民群众出行需求的不断提升,"运营好"的内涵也不断地扩展和完善。从运输的角度看,农村公路运营的主要内容是推进城乡交通一体化、发展农村客运和建立三级物流体系。但从服务农村经济发展和服务群众出行的需求看,农村公路的"运营好"还应包括以下内容:

1)发展农村全域旅游

农村区域经济的发展,一个很重要的方面就是发展旅游业,很多地方结合自身优势和特点,提出了全域旅游的概念。农村公路如何为全域旅游服务,是"四好农村路"建设中的重要内容之一。为全域旅游服务,就是要从满足自驾游为主的旅行者的基本需求考虑,结合地形、地质和环境等条件,充分利用沿线公路管理设施、闲置公路用地、共建单位服务站点等现有条件,在公路沿线设置加油站、休息区、观景台、卫生间和车辆维修等便民服务设施。同时,还要注重借助农村公路的载体,开展文明建设活动。

2)加强公路文化建设

加强公路文化建设,提升公路文明是适应时代发展需要的重要工作内容。公路文化建设就是要体现行业精神文化、制度文化和物质文化建设的最新成果,展示富有地域历史文化特征、生态文明和人文理念的现代公路文明。

(1)公路文化要体现行业文化与行业文明。充分利用沿线服务设施、管理站点、信息发布设施,结构物等普及公路基本知识、宣传公路法律法规、公路养建管理念,弘扬公路人"铺路石"的行业文明精神。

(2)公路文化要体现地域文化与地方文明。公路文化建设不仅包括自身行业的文化,还要充分展示地域的历史文化、红色文化、风土人情和特色文明,充分发挥公路作为基础服务设施的宣传作用。

5.2 运营管理

农村公路的运营管理应建立以县级政府为主导,交通运输主管部门牵头,其他部门各负其责的联席会议机制,通过加强管理,提供优质高效的公路运营服务保障。

5.2.1 客货运输管理

随着农村公路网的不断完善,以及客货运输的不断发展,运输管理必须向智能化方向发展,以实现客运和货运的快速化和多式联运化。

(1)对于运输的管理和经营者而言,客货运输的智能化管理主要体现在客运数据交换、货运数据交换、不同运输方式的衔接互补等方面。

(2)对客货运输服务的利用者而言,客货运输的智能化管理主要体现在旅客联运规划、货物联运信息服务和动态跟踪查询。

5.2.2 服务设施管理

服务设施的设置要遵循“三个充分利用”:

①服务设施的设置要因地制宜,充分利用路侧闲置用地,设置小型服务设施。

②充分利用沿线已有的公路设施,如养护工区、道班等。

③要加强与社会服务部门合作,充分利用沿线的加油站、汽修点、民宿、游客服务中心等,利用社会力量和社会资源提供出行服务。

服务设施的运行维护按照“谁设置、谁负责”的原则,由公路管理机构统一制定标准,产权单位负责具体的维护管理,双方联合进行考核的模式,以便充分发挥各方积极性,保障正常的运行。

5.3 运营技术要求

5.3.1 通行车辆对道路的基本要求

由于受到自然条件的限制,低等级农村公路的技术指标与我国公路工程技术标准还存在一定的差异,对道路客货运车辆的通行也产生了一定的限制。

1)道路通行车辆轮廓尺寸及轴荷

根据《道路车辆外廓尺寸、轴荷及质量限值》(GB 1589),道路通行车辆的外轮廓尺寸及质量限值如表5.1所示。

道路通行车辆外廓尺寸最大限值(尺寸单位:mm) 表5.1

<table>
<tr><th colspan="4">车 辆 类 型</th><th>车长</th><th>车宽</th><th>车高</th></tr>
<tr><td rowspan="12">汽车</td><td colspan="3">三轮汽车</td><td>4600</td><td>1600</td><td>2000</td></tr>
<tr><td rowspan="8">货车及半挂牵引车</td><td colspan="2">最高设计车速小于70km/h的四轮货车</td><td>6000</td><td>2000</td><td>2500</td></tr>
<tr><td rowspan="4">二轴</td><td>最大设计总质量≤3500kg</td><td>6000</td><td rowspan="6">2500</td><td rowspan="6">4000</td></tr>
<tr><td>最大设计总质量>3500kg,且≤8000kg</td><td>7000</td></tr>
<tr><td>最大设计总质量>8000kg,且≤12000kg</td><td>8000</td></tr>
<tr><td>最大设计总质量>12000kg</td><td>9000</td></tr>
<tr><td rowspan="2">三轴</td><td>最大设计总质量≤20000kg</td><td>11000</td></tr>
<tr><td>最大设计总质量>20000kg</td><td>12000</td></tr>
<tr><td colspan="2">四轴</td><td>12000</td><td rowspan="4">2500</td><td rowspan="4">4000</td></tr>
<tr><td rowspan="3">乘用车及客车</td><td colspan="2">乘用车及二轴客车</td><td>12000</td></tr>
<tr><td colspan="2">三轴客车</td><td>13700</td></tr>
<tr><td colspan="2">单铰接客车</td><td>18000</td></tr>
</table>

续上表

<table>
<tr><th colspan="3">车 辆 类 型</th><th>车长</th><th>车宽</th><th>车高</th></tr>
<tr><td rowspan="6">挂车</td><td rowspan="3">半挂车</td><td>一轴</td><td>8600</td><td rowspan="6">2500</td><td rowspan="6">4000</td></tr>
<tr><td>二轴</td><td>10000</td></tr>
<tr><td>三轴</td><td>13000</td></tr>
<tr><td colspan="2">中置轴(旅居)挂车</td><td>8000</td></tr>
<tr><td rowspan="2">其他挂车</td><td>最大设计总质量≤10000kg</td><td>7000</td></tr>
<tr><td>最大设计总质量>10000kg</td><td>8000</td></tr>
<tr><td rowspan="2">汽车列车</td><td colspan="2">铰接列车</td><td>16500</td><td rowspan="2">2500</td><td rowspan="2">4000</td></tr>
<tr><td colspan="2">货车列车</td><td>20000</td></tr>
</table>

2)道路通行车辆的最小转弯半径

车辆最小转弯半径的计算方法如下所示:

以转向轮外轮中心轮迹计算时,如式(5.1)所示:

$$R_0 = \frac{L}{\sin\theta_{max}} + \frac{b - M}{2} \tag{5.1}$$

以车身最外点计算是,如式(5.2)所示:

$$R = \sqrt{(L + C)^2 + \left(\frac{L}{\tan\theta_{max}} + \frac{K - M}{2}\right)^2} \tag{5.2}$$

式中:R_0——转向轮外轮中心轮迹的最小转弯半径;

R——车身最外点的最小转弯半径;

L——轴距;

θ_{max}——转向轮外轮最大转角;

b——前轮距;

C——前悬长度;

K——整车宽度;

M——主销中心距。

各车型车辆的最小转弯半径如表5.2所示。

各类型车辆的最小转弯半径 表5.2

车长	微型车 不超过3m	小型车 3.5~7m	中型车 7~10m	大型车 10m以上	链接车 17.5m
最小转弯半径	4.5m	6.0m	6.5~8m	8~10m	10.5~12.5m

注:数据为极限数据,实际路线不能以此为设计标准,在此基础上要达到四级路的标准。

3)农村公路车辆通行要求

农村公路的客运和货运通行车辆要充分考虑车辆自身对道路的技术指标要求以及农村公路的实际指标,选择合适的车辆类型。根据本书第2.4节的内容,农村公路的最小转弯半径不应小于10m,因此,二级及以上公路可适应各类车辆的通行,三级及以下的农村公路上通行的客货运输车辆建议选择车长为7~10m的中型车辆或者小型车辆。但对于部分地区尤其是资源路、产业路、旅游路等大型车辆通行较多的道路,可由各地根据通行车辆的需求对道路进行改造。

为了保障农村公路的畅通通行,原则上对于开通客运班线的道路,原则上不能采用单车道四级公路及以下的技术标准。同时,道路上的通行车辆也应该遵行"三个优先"的通行原则:一是具有应急救援任务的车辆优先通行,二是公安、消防、救护等车辆优先通行,三是客运车辆优先通行。

5.3.2 农村公路服务设施基本要求

2018年3月9日,国务院印发了《关于促进全域旅游发展的指导意见》,提出要推动旅游与农业、林业和水利的融合发展,大力发展观光农业、休闲农业,培育田园艺术景观、阳台农艺等创意农业,鼓励发展具备旅游功能的定制农业、会展农业、众筹农业、家庭农场、家庭牧场等新型农业业态,打造一、二、三产业融合发展的美丽休闲乡村。

农村旅游业的发展将会对农村公路提出更高的要求,除了道路最基本的通畅、安全等功能外,还应能够提供各类便捷的服务,因此对于农村公路来说,服务设施建设将是今后一段时期内的重要工作内容。

农村公路沿线服务设施包括停车区、观景台、加水站、维修站、卫生间等,应遵循布局合理、环境整洁的原则进行设置,其中卫生间、休息区等宜按不大于设计速度两倍的间距设置。山区农村公路服务设施应设置在视距良好、纵坡较小的路段并留有一定的停车位。

5.3.3 沿路信息服务要求

为出行公众及时提供准确可靠的信息,是公路服务的重要内容,主要有两种方式,一是利用公路自身的交通标志和标线系统,为公众提供道路自身的信息,二是利用道路沿线的服务站点、可变情报板等社会公众提供出行相关信息,如路况、气象、周边地点信息等。

1)交通标志标线

公路交通标志和标线是引导公路使用者有秩序地使用公路,以促进公路交通安全、提高公路通行效率的交通管理设施，用于告知公路使用者公路通行权力，明示公路交通禁止、限制、遵行状况，告示公路状况和交通状况等信息。

公路交通标设置应充分考虑周边路网结构，强化路线编号和控制性地点、前行方向和距离的指引，实现远、中、近地点信息相结合、路线指引与地点指引相结合、路线说明与驾驶指导相结合、(穿城路段)公路与城市道路相结合，从主动引导方面提高公路的安全水平。交通标志标线所展示的信息应具有全面性、系统性特点。

(1)信息的全面性主要体现

①版面信息。交通标志的版面信息，应提供相邻路网的编号信息、目的地控制性信息、反映路线总体走向的地理方位信息以及距离信息等，指路标志应提供路线编号、目的地、行驶方向和距离等信息。

②路线编号。由于路网密度越来越高，驾驶员在行驶过程中，需要不断了解自己所在的路线名称以及位置。在路线重合段(包括经过城镇路段)，驾驶员需要明确自己的行驶路线是否正确。在平面交叉路口，驾驶员需要了解各个方向的路线名称以及方向。这些信息应通过交通标志进行准确传递，尤其是在平面交叉处，明确标示路线编号，具有更加重要的引导作用。

(2)信息的系统性主要表现

①强调路网特征。指路标志的信息分为A、B和C层，各层能够充分反映不同的控制点信息。

②强调信息连续。全线指路标志信息应连续、系统，体现了路网一体化的设置思路。

2)出行信息服务

根据不同道路的功能定位，对以服务社会公众出行为主的道路，要着重利用沿线的服务设施设置信息查询系统，利用交通广播、网络媒体、可变情报板等信息发布系统，以政府为主导，结合交通、旅游、气象、公安等部门，联合搭建公路出行信息服务平台，满足公众出行所需的各种信息需求。

5.3.4 城乡道路客运一体化发展水平评级

2011年，交通运输部印发了《关于积极推进城乡道路客运一体化发展的意见》，提出建设一个管理规范、服务优质、衔接顺畅、方便灵活的城际客运系统，有效衔接城市公共交通、农村客运及其他客运方式，不断巩固道路客运的保障能力、竞争优势及其在综合运输体系中的主体地位。

1)评定评级

城乡道路客运一体化评价等级分为五级，即AAAAA级、AAAA级、AAA级、

AA 级和 A 级。各地城乡道路客运一体化等级按照评价得分确定，具体如表5.3 所示。

城乡道路客运一体化评价结果分级表　　表 5.3

分值	≥900	≥800，<900	≥600，<800	≥500，<600	<500
分级	AAAAA	AAAA	AAA	AA	A

2)评分标准

评分总共为 1000 分，分为八个部分：

(1)建制村公路通畅率(P1)

评价内容：行政区域内已通畅建制村数量占行政区内建制村总数的比例(单位：%)。该指标满分为 100 分，P1 数值达 100% 时得满分，每降低 1%(不足 1% 时四舍五入，下同)扣 2 分，扣完为止。行政区内没有建制村的，该项指标默认满分。

其中，已通畅建制村，指凡在通达基础上，由路面类型为有铺装路面(沥青混凝土、水泥混凝土路面)、简易铺装路面(沥青贯入式、沥青碎石、沥青表面处治路面)和其他硬化路面(弹石路面、条石路面、混凝土预制块路面、砖铺路面等)的通达路线连通的建制村。

(2)建制村通客车率(P2)

评价内容：行政区内通客运车辆的建制村数占行政区建制村总数的比例情况(单位：%)。该指标满分为 200 分，P2 数值达 100% 时得满分，每降低 1% 扣 4 分，扣完为止。行政区内没有建制村的，该项指标默认满分。

其中，通客运车辆的建制村数是指行政区内距离道路客运班车、公交化运营车辆或者城市公交运行起点、终点、中途停靠站点在 2km 以内的建制村数。

(3)城乡道路客运车辆公交化比率(P3)

评价内容：行政区内城市公交车辆和公交化运营的农村客运车辆数之和，占行政区内所有城乡道路客运车辆数的比例(单位：%)。该指标满分为 150 分，P3 数值达 100% 时得满分，每降低 1% 扣 2 分，扣完为止。行政区内全域都开通了城市公交的，该项指标默认满分。其中，城乡道路客运车辆包括城市公交车辆和农村客运车辆(下同)；公交化运营的农村客运车辆是满足以下条件的农村客运车辆：①票价标准低于普通农村客运班线的 15% 以上；②有确定的首末班发车时间，线路日均发班次不低于 6 班；③停靠途经建制村，在沿途停靠站点设置站牌并公布班次信息；④全部农村客运车辆或在该条农村客运班线内统一服务标准、车型配置、外观标志和车内配套设施。

(4)城乡道路客运车辆交通责任事故万车死亡率(P4)

评价内容:评价期内,行政区内城乡道路客运车辆发生的交通责任事故(负同等及以上责任的交通事故)死亡人数,与辖区内城乡道路客运车辆数之比(单位:人/万车)。该指标满分为100分,P4数值为0时得满分,每增加1人/万车扣1分,扣完为止。

(5)城乡道路客运基础设施一体化水平(P5)

评价内容:P5指标包括三项内容,满分150分,行政区全面满足要求时得满分。对于行政区内全域都开通了城市公交的,该指标默认为满分。

①新建、改扩建农村公路项目与农村客运站点(包括简易站、招呼站、候车亭等,下同)同步设计、同步建设、同步交付使用。该项满分为50分,每一个新建、改扩建农村公路项目不满足扣5分,扣完为止。

②建制村2km范围内建成了农村客运站点。该项满分为50分,每一个建制村不满足扣2分,扣完为止。

③市县城区内三级以上等级道路客运站场与城市公交站点的换乘距离小于300m。该项满分为50分,每一个三级以上等级道路客运站场不满足扣20分,扣完为止。没有三级以上等级道路客运站场或没有开通城市公交的均为0分。

(6)城乡道路客运信息服务一体化水平(P6)

评价内容:P6指标包括四项内容,满分150分,行政区全面满足要求时得满分。

①城乡道路客运信息通过互联网对外动态发布。该项满分为30分。

②市县城区内三级以上等级道路客运站公布可换乘的城市公交线路信息。该项满分为30分。没有三级以上等级道路客运站或没有开通城市公交的均为0分。

③开通了统一的交通运输服务监督电话,并保持良好运转。该项满分为40分。

④行政区全面实现道路客运联网售票或网络售票。该项满分为50分。

(7)城乡道路客运发展政策一体化水平(P7)

评价内容:P7指标包括四项内容,满分150分,行政区全面满足要求时得满分。对于行政区内全域都开通了城市公交的,该项指标默认满分。

①市县级行政区域建立了"一城一交"的综合交通管理体制和城乡道路客运一体化多部门联合推进机制。该项满分为30分。

②市县级人民政府编制了市县级行政区城乡道路客运一体化发展规划及场站专项规划,主要指标纳入城乡规划统筹实施。该项满分为30分。

③市县级人民政府统一了公交化运行的农村客运与城市公交在税费、财政补贴等方面的政策。该项满分为40分。

④市县级人民政府出台了支持城乡道路客运一体化发展的政策,包括交通基础设施用地安排、道路通行管理,以及场站建设、车辆购置、票价优惠、政策性亏损的财政补贴等方面。该项满分为50分。

(8)加分项(P8)

评价内容:P8指标包括四项内容,满分为200分,加满为止。

①建制村公路通畅率比上一年度每增加1%,加10分。

②建制村通客车率比上一年度每增加1%,加10分。

③城乡道路客运公交化比率比上一年度每增加1%,加10分。

④新建道路客运站场和城市公共交通场站一体化设计、施工的城市综合客运枢纽,每一个加20分。

第 6 章 "四好农村路"示范县创建

"四好农村路"示范县创建是"四好农村路"建设的具体抓手和工作载体，通过示范县创建竖立农村公路发展的标杆和典型，为"四好农村路"建设提供具体的方向和样板。

6.1 创建要求

《交通运输部关于推进"四好农村路"建设的意见》提出，各省级交通运输主管部门要高度重视示范引领作用，通过开展"四好农村路"示范县创建活动，充分调动县级人民政府的积极性，落实主体责任，以点带面，全面推进。要制定"四好农村路"示范县标准、申报程序和激励政策。要按照"好中选好、优中选优"和"经验突出、可推广、可复制"的原则，在 2016 年底前推出首批"四好农村路"示范县，之后每年推出一批示范县，全面营造比学赶超氛围。示范县由省级交通运输主管部门组织评审，建议以省级人民政府名义授予"四好农村路示范县"荣誉称号。交通运输部将及时总结推广各地经验，通报表扬先进集体和先进个人，择时召开"四好农村路"建设现场会，通报各地工作开展情况。

6.2 创建标准

《交通运输部办公厅关于创建"四好农村路"全国示范县的实施意见》(交办公路〔2017〕90 号)明确了"四好农村路"全国示范县的基本条件：

(1)发展基础较好。根据交通运输部工作部署要求，已按本辖区省级示范县标准和申报程序命名为省级"四好农村路"示范县。

(2)群众获得感强。基本建成适应经济社会发展的农村公路网络，大力推进具备条件的建制村通客车、城乡交通运输一体化和县、乡、村三级农村物流网络建设，服务本地区经济社会发展或脱贫攻坚成效显著，典型经验突出。

(3)管理体制顺畅。县道县管、乡村道乡村管的管理体制基本完善，县、乡级农村公路管理机构设置率达到 100%，机构运行经费纳入一般公共预算的比例达到 100%。乡镇、村委会作用发挥充分，爱路护路的乡规民约、村规民约制定率 100%。基本建立具有路政员、乡有监管员、村有护路员的路产路权保护队伍。

表 6.1

“四好农村路”督导调研内容及评分标准

项　目	内　容	考核重点	评分标准
1. 2016 年中央一号文件、政府工作报告及交通运输更贴近民生实事落实（31 分）	1.1　新改建农村公路(8 分)	落实中央一号文件、政府工作报告要求，部署交通运输更贴近民生实事，实施新改建农村公路工程，推动一定人口规模的自然村通公路，落实新改建农村公路 20 万 km 任务	①根据部分解任务，已将年度任务分解到地市、县，且按照精准扶贫的要求，制定了新改建和一定人口规模自然村通公路规划等，得 3 分； ②根据部分解任务，已将年度任务分解到地市、县，但规划与精准扶贫要求不匹配的，得 1 分
			省级农村公路建设资金配套补助情况。根据本年度部督导调研省份的配套比例综合评判。没有配套的为 0 分。其余 1 分起计，最高为 5 分。按内插法计算得分
	1.2　通硬化路（4 分）	落实中央一号文件、政府工作报告要求，部署交通运输更贴近民生实事，推动具备条件的乡镇和建制村通硬化路，有 2020 年实现通硬化路率达到 100% 的基础	①乡镇和建制村通硬化路率均达到 100% 的，得 4 分； ②本年度计划新增通硬化路乡镇和建制村数量不低于部分解任务计划，且以 2015 年底未通硬化路建制村总数为基数，本年度计划完成数量超过 25%，实地调研的地市、县进展符合计划进度，得 4 分；工作进度不符合计划安排的，得 3 分； ③本年度计划新增通硬化路乡镇和建制村数量不低于部分解任务计划，但本年度计划完成数量未超过 25%，实地调研的地市、县进展符合计划进度，得 2 分；工作进度不符合计划安排的，得 1 分
	1.3　通客车(4 分)	落实中央一号文件、政府工作报告要求，部署交通运输更贴近民生实事，推动具备条件的乡镇和建制村通客车任务，有 2020 年实现通客车率达到 100% 的基础	①乡镇和建制村通客车率均达到 100% 的，得 4 分； ②本年度计划新增通客车乡镇和建制村数量不低于部分解任务计划，且以 2015 年底未通客车建制村总数为基数，本年度计划完成数量超过 25%，实地调研的地市、县进展符合计划进度，得 4 分；工作进度不符合计划安排的，得 3 分

续上表

项目	内容	考核重点	评分标准
1. 2016 年中央一号文件、政府工作报告及交通运输更贴近民生实事落实(31 分)	1.3 通客车(4 分)	落实中央一号文件、政府工作报告要求，部署交通运输更贴近民生实事，推动具备条件的乡镇和建制村通客车任务，有 2020 年实现通客车率达到 100% 的基础	③本年度计划新增通客车乡镇和建制村数量不低于部分解任务计划，但本年度计划完成数量未超过 25%，实地调研的地市、县进展符合计划进度，得 2 分；工作进度不符合计划安排的，得 1 分
	1.4 安保工程和危桥改造(4 分)	贯彻《国务院办公厅关于实施公路安全生命防护工程的意见》，部署交通运输更贴近民生实事，实施农村公路安全生命防护工程及危桥改造工程，有 2020 年实现县乡道安全隐患治理率达到 100%，危桥总数逐年下降的基础	①根据部分解任务，已将年度任务分解到地市、县，且进展符合计划安排，年度改造和治理任务进度能够实现 2020 年县乡道安全隐患治理率达到 100%，危桥总数逐年下降的目标，得 2 分； ②根据部分解任务，已将年度任务分解到地市、县，制订了改造计划，但进展滞后于计划安排或任务量难以满足 2020 年工作目标要求，得 1 分
			省级农村公路安保工程和危桥改造资金配套补助情况。根据本年度部督导调研省份的配套比例综合评判，最高为 2 分，最低 0 分。按内插法计算得分
	1.5 养护资金(11 分)	贯彻中央一号文件、国务院办公厅《农村公路管理养护体制改革方案》《农村公路养护管理办法》有关规定，将农村公路养护资金逐步纳入地方财政预算，建立农村公路养护管理资金的稳定来源渠道及增长机制	①省级养护工程补助资金不低于“7351”的补助标准，新增农村公路里程纳入补助基数，且该省补资金专项用于农村公路养护工程，没有用于日常养护管理等经费支出，得 3 分； ②上述条件，有一项不满足扣 1 分
			①省级向地市、县足额转移支付成品油消费税改革新增收入资金替代“拖养费”(含基数和增量部分)，得 2 分； ②仅有基数无增量的，得 1 分

续上表

项　目	内　容	考核重点	评分标准
1.2016年中央一号文件、政府工作报告及交通运输更贴近民生实事落实(31分)	1.5　养护资金(11分)	贯彻中央一号文件、国务院办公厅《农村公路管理养护体制改革方案》、《农村公路养护管理办法》有关规定，将农村公路养护资金逐步纳入地方财政预算，建立农村公路养护管理资金的稳定来源渠道及增长机制	①省级交通运输主管部门协调建立了省级补助资金“以奖代补”或其他形式的激励机制，调动各级政府加大养护管理投入的积极性，省补资金杠杆作用得到充分发挥，得3分； ②省级交通运输主管部门协调建立了省级补助资金“以奖代补”或其他形式的激励机制，但未能充分发挥杠杆作用的，得1分
			①除专项转移支付外，省、市、县三级公共财政中均列支农村公路养护资金，并建立稳定增长机制，得3分； ②上述条件中，有一级政府未列支的，扣0.5分，有一级未建立增长机制的，扣0.5分
2.政策法规(17分)	2.1　法规(4分)	省级层面制定农村公路相关法规规章，使农村公路发展“有法可依”	①省级层面有专门的农村公路条例，得4分； ②省级层面未制定农村公路条例，但在公路条例中有关于农村公路的专门篇章，得3分； ③省政府有关于农村公路的政府令，每项得1分，最多不超过2分
	2.2　政策(4分)	“十二五”以来，各级政府制定促进农村公路协调发展的政策，推动农村公路的发展由行业行为向政府行为转变	省级政府发布有专门的支持农村公路建管养运协调发展的政策，或建设、养护、管理、运营各方面支持政策基本齐全，得4分；上述四方面，缺少一方面政策的，扣1分
	2.3　“四好农村路”建设(5分)	“四好农村路”建设活动部署周密，配套政策完善，推动示范县创建	①省级政府推动“四好农村路”建设活动的开展，得3分； ②省级交通运输主管部门结合各地实际，对部发方案进行深化、细化，得2分； ③省级交通运输主管部门仅对部发方案进行转发，缺乏细化措施和可操作性，得1分

续上表

项　目	内　容	考核重点	评分标准
2. 政策法规(17 分)	2.3 “四好农村路”建设(5 分)	“四好农村路”建设活动部署周密,配套政策完善,推动示范县创建	①制定了“四好农村路”示范县的创建标准,确定以省级政府命名,有较为具体的激励政策,能调动县级政府争创示范县的积极性,促进“四好农村路”建设工作全面开展,2016 年底能够推出首批示范县,得 2 分; ②上述内容缺少一项,扣 0.5 分
	2.4 发展考核(4)	省级政府将农村公路发展纳入地方政府考核范围,促进县级人民政府落实主体责任	①省级政府将农村公路相关工作任务纳入对市、县级政府的考核范围,得 4 分; ②省级政府无考核要求,省级交通运输主管部门制定考核制度,定期组织进行考核,并且针对考核结果采取奖惩措施,得 2 分; ③省级政府无考核要求,省级交通运输主管部门制定考核制度,组织进行考核,但缺乏奖惩措施,得 1 分
3. 建设好(11 分)	3.1 建设质量(4 分)	农村公路建设质量制度齐全、监督检查组织规范、政府和建设单位监管责任落实到位,建设质量较高	①农村公路建设质量管理制度完善,监督检查记录规范齐全,政府和建设单位监管责任落实到位,新改建农村公路一次交工验收合格率达到 98%,得 4 分; ②农村公路建设质量管理制度完善,监督检查记录规范齐全,政府和建设单位监管责任落实到位,新改建农村公路一次交工验收合格率不足 98%,但超过 90%(含),按内插法计算得分,最少得 2 分,最多得 3.5 分; ③农村公路建设质量管理制度完善,监督检查记录规范齐全,政府和建设单位监管责任落实基本到位,新改建农村公路一次交工验收合格率不足 90%,但超过 60%(含),按内插法计算得分,最少得 0 分,最多得 1.5 分

续上表

项　　目	内　　容	考 核 重 点	评 分 标 准
3. 建设好(11 分)	3.2　“三同时”(4 分)	贯彻《国务院关于加强道路交通安全工作的意见》,落实“三同时”制度,并会同公安、安全监管等部门进行竣(交)工验收	①省级制定相关政策或制度,地方贯彻有力,“三同时”制度落实严格,多部门联合进行竣(交)工验收,得 4 分; ②省级制定相关政策或制度,地方贯彻积极,“三同时”制度落实良好,部分公路实现多部门联合进行竣(交)工验收,得 3 分; ③省级制定相关政策或制度,但地方贯彻执行力度有待提升,得 1 分
	3.3　“七公开”(3 分)	贯彻落实《交通运输部关于推行农村公路建设“七公开”制度的意见》,使用财政资金建设的农村公路项目全部实现“七公开”	①省级制定相关保障政策或制度,监督检查到位,整改措施具体,地方落实有力,应公开项目全部实现“七公开”,且公开方式明确、公开内容清晰,能够起到社会监督的作用,得 3 分; ②上述要求中,省级未制定相关保障政策或制度,扣 3 分,监督检查力度不足,扣 1 分,缺乏整改措施,扣 0.5 分,“七公开”的公开方式及公开内容有待改善,社会监督作用不明显,扣 0.5 分;应公开项目未全部实现“七公开”,扣 1 分
4. 管理好(15 分)	4.1　机构人员(6 分)	县乡各级农村公路养护管理机构以及村级议事机制完善,人员完备,管理经费全部纳入地方政府财政预算	①省级加强指导,提出完善养护管理机构的相关要求或制定保障政策,县、乡级农村公路管理机构及建制村村道管理议事机制完善、县、乡、村各级养护管理人员完备,管理经费全部纳入财政预算,得 6 分; ②上述要求中,省级未提出相关要求或未制定保障政策,扣 1 分;有一级养护管理机构或议事机制不完善的,扣 0.5 分;有一级养护管理人员不齐全的,扣 0.5 分;管理经费部分纳入财政预算的,扣 1 分,全部未纳入财政预算的,扣 2 分

续上表

项目	内容	考核重点	评分标准
4. 管理好(15 分)	4.2 公路保护(5 分)	贯彻落实《公路安全保护条例》,推广县统一执法,乡村协助执法的工作方式,农村公路超载超限治理、用地确权等工作实施顺利	①省级统一部署农村公路路产保护工作,农村公路超载超限治理规范有序,用地确权工作有序推进,乡村道限高限宽设施齐全,爱路护路的乡规民约、村规民约完善,得 5 分; ②上述要求,省级未进行统一部署的,扣 2 分,其余各项有一项不满足的,扣 0.5 分
	4.3 美丽农村路建设(4 分)	落实《国务院办公厅关于改善农村人居环境的指导意见》《国务院关于进一步加强新时期爱国卫生工作的意见》等文件精神,开展农村公路路域治理工作	①在各级地方政府的统一领导下,大力开展农村公路路域环境整治工作。县级交通运输主管部门贯彻落实上级部署到位,已经实现县道“田路分家”“路宅分家”,乡道、村道整治稳步有序开展,具备 2020 年完成整治的条件,得 4 分; ②上述要求中,县级交通运输主管部门未在当地政府统一领导下开展整治工作的,扣 2 分;未实现县道“田路分家”“路宅分家”的,扣 1 分;乡道、村道环境治理开展不力的,扣 1 分
5. 养护好(15 分)	5.1 养护工程(3 分)	贯彻落实《农村公路养护管理办法》,大中修及改建工程严格执行相关管理程序,并按照有关的标准规范和规定进行设计、施工、验收等工作	①省级农村公路养护工程管理制度齐全,地市、县级交通运输主管部门执行有力,农村公路养护工程规范有序开展,质量与安全能够得到保证,得 3 分; ②若制度不全、监督检查力度不足、养护总体处于被动养护状态、基层养护技术管理粗放、管理程序不规范、质量安全难以达到相关规定要求,每一项 0.5 分
	5.2 有路必养,养必到位(6 分)	积极落实“有路必养、养必到位”的工作要求,农村公路列养率达到 100%,技术状况逐步提升	落实日常养护经费和人员的农村公路占农村公路总里程的比例达到 100%,得 3 分;未达到的,按内插法计算得分
			农村公路中等及以上比例达到 75%,得 3 分,未达到的,按照内插法计算得分

续上表

项　目	内　容	考核重点	评分标准
5. 养护好(15 分)	5.3　路况评定(4 分)	贯彻落实《农村公路养护管理办法》开展农村公路技术状况评定,加快决策科学化进程	①省级交通运输主管部门进行统一部署,采用自动化快速检测设备开展农村公路技术状况评定工作,并充分利用评定结果,安排养护工程,使农村公路养护决策有据可依,得 4 分; ②省级尚未对自动化快速检测工作进行部署、路况指数基本为人为判断、省级难以掌握本辖区农村公路路况真实水平、地方未将路况评定结果作为养护工程资金申请和科学决策依据的,每项扣 1 分
	5.4　创新发展(2 分)	推动农村公路向规范化、专业化、机械化、市场化的方向发展	对养护工作的综合评价,分别从规范化程度、养护专业化水平、机械化水平、科学合理的市场化水平四个方面进行评价,每项 0.5 分;若水平较高按满分考虑;若方向明确,但处于起步阶段,且一些地方已较好落实,则按 0.25 分评分,否则不得分
6. 运营好(6 分)	6.1　城乡客运一体化(3 分)	加强城乡客运一体化建设,全面推动客运一体化发展水平达到 AAA 级以上(含)	①制订有相关的保障政策和工作计划,且工作进展符合计划安排,得 3 分; ②制订有相关的保障政策和工作计划,但工作进展滞后于计划安排,得 2 分; ③制订有相关的保障政策,但无具体的工作计划,得 1 分
	6.2　物流网络建设(3 分)	加强农村物流体系建设,基本建成覆盖县、乡、村三级的物流网络	①制订有相关的保障政策和工作计划,且工作进展符合计划安排,得 3 分; ②制订有相关的保障政策和工作计划,但工作进展滞后于计划安排,得 2 分; ③制订有相关的保障政策,但无具体的工作计划,得 1 分

续上表

项　　目	内　　容	考核重点	评分标准
7. 综合评价(5分)		贯彻“五大发展理念”，落实全国农村公路现场会重要精神，在农村公路发展中做到“五个坚持、五个确保”	①坚持政府主导，确保农村公路发展责任落实到位。综合评价农村公路发展的政府主导水平。若各级政府职责清晰，政府支持力度大，县级人民政府主体责任落实到位，乡镇、村委会和村民的作用均有所发挥，优秀得1分，良得0.5分，一般得0.2分； ②坚持改革创新，确保提质增效升级迈上新台阶。改革和创新成为农村公路发展的持续动力，体制顺畅，运行高效，能够适应新形势要求，加快实现“四个转变”，优秀得1分，良得0.5分，一般得0.2分； ③坚持民生优先，确保全面建成小康社会的战略目标如其实现。贯彻中央精准扶贫、精准脱贫的要求，全力推进贫困地区农村公路建设，能够实现“兜底线”的部署。同时，高度重视农村公路与促进农村经济社会发展的关联作用，精准发力，让群众切实得到农村公路发展带来的普惠作用，较好体现“惠民生”的导向。优秀得1分，良得0.5分，一般得0.2分； ④坚持协调发展，确保“四好农村路”取得显著成效。统筹建管养运协调发展，统筹行业和地方政府、社会力量，统筹政府和市场，形成促进“四好农村路”建设的合力。优秀得1分，良得0.5分，一般得0.2分； ⑤坚持安全绿色，确保农村公路走上可持续发展道路。农村公路发展的技术体系健全、质量和安全得到有效保障。绿色发展理念深入人心，使农村公路与自然环境相和谐，大力开展“美丽农村路”活动，在地方政府的统一领导下，全面整治路域环境，为“美丽乡村”当好“排头兵”，当好先行。优秀得1分，良得0.5分，一般得0.2分

(4)长效机制基本建立。“四好农村路”主要指标纳入县政府绩效考核目标和对乡镇政府的考核指标。建立了以公共财政投入为主、多渠道筹措为辅的农村公路建设资金保障机制，以及根据物价增长、通车里程和政府财力增加等因素的养护资金增长机制，并在县政府年度预算中反映。

(5)基本实现有路必养、养必到位。建立养护质量与计量支付相挂钩的工作机制。将日常养护经费和人员作为“有路必养”考核指标，列养率达到100%。优良中等路的比例不低于75%，路面技术状况指数(PQI)逐年上升。

(6)质量安全基础牢固。近两年新改建农村公路一次交通验收合格率达到98%以上。近五年农村公路安全防护设施逐步提升，危桥总数逐年下降，未发生特别重大安全生产事故或重大质量事故。

(7)促进美丽乡村建设效果好。大力整治农村公路路域环境，全面清理路域范围内非公路标志。路面常年保持整洁、无杂物，边沟齐全，排水通畅，无淤积、堵塞。县道基本实现路田分家、路宅分家，乡村道整治有序进行。

2016年，交通运输部组织开展“四好农村路”督导调研活动，并明确的督导调研的主要内容和评分标准，如表6.1所示。该标准对“四好农村路”建设的相关要求进行了具体的量化评价。各地在进行“四好农村路”创建时可按照表中的内容开展“四好农村路”建设工作，但要根据各地农村公路的实际特点以及交通运输部关于“四好农村路”的新要求进行完善和优化。

6.3 验收程序

示范县创建按照对标遴选、县级自查、省市核查、报部复核和命名确定的程序进行。

(1)对标遴选。省级交通运输主管部门根据创建条件，推荐“四好农村路”全国示范县名单。

(2)县级自查。县级交通运输主管部门向县级人民政府汇报，对照创建条件进行自查，形成申报材料，报省级交通运输主管部门。

(3)省市核查。省、市两级交通运输主管部门联合对拟推荐县进行核查，形成核查报告提出整改要求。

(4)部级复核。省级交通运输主管部门完成核查后，向部报送有关申报材料。部组织力量进行复核。

(5)命名授牌。部复核后，按部决策程序报批后正式行文发布，并在全国“四好农村路”现场会上表彰授牌。

按照上述程序，交通运输部于2017年8月在山东临沂召开的全国“四好农村路”养护现场会上对首批53个“四好农村路”全国示范县进行了授牌。

根据《交通运输部办公厅关于创建“四好农村路”全国示范县的实施意见》对于获得“四好农村路”全国示范县的，部将给予每个县1000万元的一次性额外投资补助，同时要求各省级交通运输主管部门在省级示范县补助的基础上，对全国示范县安排不低于1000万元的配套投资补助，并在安排投资计划等方面予以适当倾斜。

6.4 管理考核

为了更好地发挥示范县的示范引领作用，交通运输部提出：

一是建立“四好农村路”全国示范县长效管理机制。将对“四好农村路”全国示范县进行定期复审，对弄虚作假、工作开展不力或出现重大安全生产和质量事故的示范县，将责成省级交通运输主管部门组织整改。整改后仍难以达到标准要求的，将取消示范县资格并采取惩戒措施。

二是加强对“四好农村路”全国示范县的督导。将重点关注全国示范县工作开展情况，加强指导，将全国示范县列为交通运输部“四好农村路”督导考评工作的重点，全国示范县每年12月底前，要向交通运输部报送“四好农村路”工作开展情况、长效机制落实情况、存在问题和困难以及工作建议等年度总结材料，并抄送省、市级交通运输主管部门。

6.5 示范县创建案例

为了能够更好地了解“四好农村路”全国示范县的经验和做法，从首批全国示范县中，分别选取了东部地区、中部地区以及贫困县的典型代表区县，介绍了“四好农村路”建设的经验与做法，具体如下：

6.5.1 浙江省安吉县

至2017年底，安吉县农村公路总里程为1982.7km，在全县公路里程中的占比高达91%，农村公路路网密度为103km/100km^2，呈现出点多、面广、线长的特点。近年来，安吉县立足“两山”理念实践转化，立足农村致富增收，坚持高起点、高标准、高要求推进“四好农村路”建设，打开了农村公路发展的新局面。党的十八大以来，全县累计投资29.7亿元，专项用于农村公路建设管理，尽最大努力把“四好农村路”真正转化为农村改革之路、致富之路、发展之路和人气之路。

1）以建设为龙头，不断提升农村路网水平

一是及早起步，构建村村通达的农村路网。近年来，安吉县大力建设通乡、通村公路。2003—2006年，累计建成康庄公路492km，实现等级公路行政村全覆盖。2007—2015年，结合美丽乡村建设，开展农村联网公路建设，建成农村联网公路725km，实现自然村公路硬化100%，有效提升村容村貌。2016年，全面开展“四好农村路”建设，进一步盘活农村资源，促进农民增收。党的十八大以来，全县农村居民人均可支配收入从1.8万元增长至2.8万元。2018年，安吉县将平原区农村公路列入重点建设计划，计划三年改造提升平原区农村公路150km以上，实施平原区农村公路大中修100km以上，大力改善平原区群众出行条件。

二是精心规划，形成多位统筹的整体布局。以农村路网为引线，把整个县域作为一个大景区进行打造。在农村公路建设中，从线位比选、方案设计等多个层面把好“头道关”。同时，尽可能地利用城区道路和园区道路，进一步延展新改建农村公路的功能性。目前，全县已形成了以主城区为辐射原点，北部区块工业发展，西南、东南区块休闲旅游产业特色明显的农村路网体系。

三是不忘初心，探索环境友好的建设方法。在农村公路建设中，优先考虑环境影响评价，尽最大努力保护周边环境。大力实施旅游环线及绿道建设，先后改造提升了霞大线、王孔线、刘彭线等一大批精品农村公路共260余公里，打造了4条精品观光带，将12个乡镇、62个行政村串联起来，县域“大景区”因路而美。

2)以管理为支点，持续做强农村公路品质

一是创新构建长效管理机制。全省率先实施“五级路长制”(县级路长统筹引领、乡镇路长落实推进、公路警长执法查处、巡查路长常态监督、村级路长应急联动)，建立了责任明晰、制度健全、挂图作战、运转高效的协同体系，共同对县域农村公路实行全范围监管。配合建立长效考核，对发现的问题实施“逐一销号制”。制度实施以来，共处置涉路问题583处，超限率控制在3.5%以下，农村公路行驶质量指数大幅优化。

二是强化农村公路环境治理。制定出台《安吉县公路沿线日常保洁管理办法》，将把农村公路保洁工作纳入对乡镇(街道)的综合考核体系，常态化的路域环境治理。公路两侧绿化率、站场地硬化率、店铺立面改造率、沿线路口接坡硬化率实现“四个100%”目标，农村公路保洁频率较以往提升30%，公路扬尘率、垃圾泄漏率分别下降了55%和40%，路域环境大幅提升。

三是打造农村路网安全体系。农村公路建设与安保设施建设中，严格实施同步设计、同步施工、同步验收的“三同步”原则，全县农村公路安保设施覆盖率达到100%。构建“一中心三分中心”的公路应急抢险网络，建成全省首个县级交通战备物资仓库，成立路网监控与应急处置指挥中心，对县域600多公里农村公路实施24h监控。对全县农村公路桥梁组织全面定期检查，农村公路桥梁定检率100%,最大限度保障通行安全。

3)以养护为抓手,提升基层农养服务精度

一是提升基层养护现代化水平。2009年,出台补助政策,鼓励乡镇建立农养站,当年乡镇农养站实现全覆盖。2013年,开展农养站规范化创建,现已完成创建9个。同时,对农养站购置现代化养护和抢险设备分别给予30%和50%的补助,共落实补助资金480万元,实现乡镇农养站必要抢养设备全配备。2018年,安吉启动"五化养护站"创建(规范化、标准化、专业化、机械化、智能化),计划全年完成8个以上乡镇"五化养护站"达标创建,创建达标率50%以上。至2019年,完成全部乡镇"五化养护站"达标创建,达标创建率100%,进一步切实巩固农村公路建设成果。

二是提升基层养护专业化水平。在乡镇养护站配备专人开展专业化养护,确保每条农村公路有人管、有人养。创新构建多样性、本地化的养护模式,实施"专业养护""承包+考核""专业+村补助""一站+多组"等多种养护模式,最大限度地发挥了各区域的地方优势,实现"有路必养、养必到位"同时,全面实施农村养护站派驻指导员制度,制度实施以来,已累计向乡镇农村公路养护站派出指导员5批共10人,精准帮扶6个基层农养站,受到乡镇的欢迎。

三是扎实推进示范乡镇创建。在"四好农村路"养护中,出台了一系列考核办法、管理办法、保洁办法和实施细则,充分突出乡镇的主体作用。2018年,安吉全面铺开"四好农村路"示范乡镇创建,从"建、管、养、运"四方面对乡镇提出创建要求。计划2020年底前,50%以上的乡镇完成示范乡镇创建,并明确奖励标准,奖励资金重点用于农村公路建设项目、养护项目、养护站等。

4)以运营为根本,强化农村路网服务水平

一是大力建设农村公路驿站。提前谋划,建管结合,高起点、高标准推动公路驿站建设,初步构建"规划最优、与山水人文相融、管理常态"的公路驿站服务体系,成功解决普通公路没有一站式服务区的问题。截至2017年,全县共投入资金1300余万元,新改建公路驿站11座、具备公路驿站功能的便民服务点7个。同时,把公路驿站服务向农村公路和主要通景公路拓展,在县域南部的旅游休闲区块中,公路驿站服务覆盖面达到600km^{2}以上,占县域总面积的近三分之一。

二是提升城乡公交覆盖水平。依托不断完善的农村公路网,进一步提升城乡客运能力,推进城乡运输一体化发展。早在2005年,安吉县已实现农村公交行政村通达率100%的目标,2016年,城乡客运一体化发展达到5A级水平。至2017年,全县农村客运班线总量达57条,里程1084km,班线数和总里程分别较上一个五年分别增长9.6%和7.4%,农村群众满意度逐年提升。

三是培育农村物流新兴业态。积极推行"连锁托运与中国美丽乡村城乡物流配送"整合项目试点,不断提升城乡物流配送能力和水平,推出"美丽 E 家"和"邮掌柜"村级电商服务,建成物流配送中心 1 个、配送站 20 个、村邮站 174 个,其中包含 104 个信息化村邮站,全县行政村实现物流配送全覆盖,打通了农村物流的"最后一公里"。

6.5.2 河南省新安县

1995 年,交通部对洛阳 7 个贫困县实施对口扶贫,为新安县交通打下坚实基础。"十二五"以来,贯彻落实《河南省农村公路条例》,积极推动省政府三年行动计划乡村通畅工程,坚持建养并重,坚持协调发展。五年来,累计投资 10 多亿元,修建县乡道 452km,村道 1302km,全县通车总里程达 1754km,全县乡村通达率 100%,道路硬化率 85%,正在向组组通迈进,乡村客车通达率 100%,农村公路通行能力和服务水平得到显著提高。

1)落实责任,推进三年行动计划,建好农村路

为建好农村路,河南省政府落实批示精神,于 2014 年启动了农村公路三年行动计划乡村畅通工程。在三年行动计划实施期间,新安县将集中建设农村公路 260km,完成县域内所有危桥改造,进一步完善安保、排水等附属设施,实现乡镇政府驻地至乡镇所辖行政村有一条路况良好、符合等级要求的道路连通。

一是积极落实责任,奠定实施基础。新安县政府按照《河南省农村公路条例》《洛阳市县乡公路养护管理条例》《洛阳市村级道路管理养护条例》的规定,积极履行主体责任。河南省人民代表大会把农村公路建设和省政府三年行动计划作为惠民"十件实事",纳入年度财政预算。县委、县政府成立农村公路建设领导小组,县委书记任组长;县委、县政府两办督查室牵头,每季度进行督查考核,与年度评先、干部使用相挂钩。对工程管理薄弱的乡(镇)长进行诫勉谈话。

二是抓好资金配套,提供资金保障。县政府明确县道建设资金由县财政根据需要全额配套;乡道、村道建设资金国省补助不足部分由县乡两级各负责 50%;为支持自然村组组通道路建设,县财政每年拿出 600 万元,采取以奖代补的形式对乡镇进行补贴,除要求乡镇财政按照每公里 3 万元给予补助外,经验收合格后县财政每公里再补助 5 万元。

三是严格质量管理,建设放心工程。严格落实路基、基层、路面和桥梁上部、下部、基础的"三阶段"验收制度;全面实行"2 +2"质量监管机制,即每项工程派驻 2 名技术骨干加 2 名老党员义务质量监督员。监督员"拿尺子"量路面厚度,"数袋子"查水泥用量,用党性严把质量关;还根据要求,在县中心实验室

安装了监控设备,便于随时监控试验情况。

四是抓好党风廉政建设,打造阳光工程。积极落实省交通运输厅“七公开”制度,所有工程项目全部实行“七公开”;进一步完善和坚持县纪检部门对建设项目派驻廉政监督员制度。

2)夯实基础,开展养护综合提升,管养好农村路

把农村公路管养和县“旅游富民发展战略”“美丽乡村建设”相结合,积极开展农村公路管理养护综合提升。2014 年,仅县财政投入的农村公路管养资金就达 7600 万元,今后每年将按照不低于县本级一般预算收入 2% 的标准落实养护资金,为管养好农村公路奠定良好的经济基础。

一是坚持多措并举抓管养。开展好每年一次的春季普修,进行路肩培护、边沟疏通、道路绿化等;组织开展路基规范化攻坚活动,提高公路抗水毁能力;加大文明路示范路创建,所有县乡道路按文明示范路标准进行创建。

二是加强管养机构建设。按照省交通运输厅要求,对全县 13 个乡镇管养站强化规范化管理,落实乡村道路的日常管养;建设两个机械化养护中心,购置扫路机、小型挖掘机等中小型养护机械,全面担负起县道的日常养护任务。

三是积极开展“安保生态示范路”创建。落实部《“平安交通”创建活动实施方案》的要求,在主要路口、危险路段,增设各种交通标志、警示标志、防撞护栏等,排查整治隐患点段,开展道路平交口安全隐患整治,在有条件的路段设立驾乘人员休闲区,缓解驾乘人员行车疲劳。

四是推进“智慧交通”建设。在车流量较大的路段安装高清摄像设备,通过 4G 网络把监控画面实时传回中心控制室,发现侵犯路产路权行为,及时通知巡查人员现场处理,提高维护路权路产的工作效率。

3)效益优先,促进客货运发展,运营好农村路

随着通村公路通达深度的增加,积极发展农村客运,培育运输市场,在兴建 11 个农村客运站的基础上,新增大型公交车 30 辆,开通与周边地市的城际公交,到 2020 年全县运营车辆争取达到 26000 台,年旅客周转量以 10% 的速度递增。

畅通便利的农村交通条件,已经使新安县农业结构调整和产业优化驶入了快车道,逐步形成南部香花辣椒种植带、北部畜牧、水产养殖带、东西部工业开发和药材种植带等各具特色的产业发展布局。南环线建设后,当地群众成立了专业合作社,朝天椒远销海外;中烟集团建成了万亩烟草基地。北环线磁五仓公路建成当年,沿线的中药材产量增加,收入翻倍。农村客运的发展,也使农民出行条件得到了根本性改变。

6.5.3 江西安远县

安远县是国家扶贫开发重点县、罗霄山脉特困片区县，有贫困村 64 个，贫困户 5946 户、23184 人，贫困发生率 7.14%。2013 年以前，安远是江西省唯一一个不通铁路、高速和国道的县，百姓“出门三步羊肠道，百里千斤靠肩挑”。安远坚决落实主体责任，积极争取交通运输部、省交通运输厅在政策、项目、资金、人才等方面的扶持，想方设法自筹资金，全力创建全国“四好农村路”示范县，交通状况发生翻天覆地变化，苏区振兴发展硕果累累。

一是致力交通改善，“边缘地”融入重要“经济圈”。长期以来，安远县被群山阻隔，百姓赶集进城、赴市出省，“长路漫漫”，是被边缘化的地带。对口支援启动以来，安远县坚持从长计议、科学规划，狠抓项目落地。采取整合涉农资金、乡镇村组自筹等多种方式筹集 11.5 亿元，相当于 2016 年全县财政总收入 1.5 倍，用于县道升级改造、农村客运网络化。2013—2016 年，县域交通建设总投入达 140 多亿元，是过去 30 年总和的近 20 倍。全县基本形成了以两条高速公路为主骨架，以国省干线为主通道，县乡村公路为脉络，外通内畅、北上南下、东接西连的现代交通网络。现在，群众“出门水泥路、抬脚上客车”。安远县不仅融入了“赣州 1 小时经济圈”，而且融入了珠三角、长三角、海西经济区等重要“经济圈”。全县生产总值年均增长 12.1%，贫困发生率由 2014 年的 16.9% 降至 7.14%。

二是坚持同步推进，“小山城”变身发展“新高地”。安远县坚持把创建“四好农村路”作为打赢脱贫攻坚战的先导性工程，在全省率先设立乡镇交通管理站，压实乡镇养护农村公路责任，探索农村公路养护就业扶贫新模式，安排 200 名贫困群众从事公路养护，确保每个地方不因交通在小康路上掉队。目前，安远农村公路由“窄”变“宽”、由“通”到“畅”，客车开进所有的乡（镇）、覆盖所有贫困村。与此同时，城乡物流配送一体化、电子商务进村打通了“最后一公里”，物流成本大幅降低。据不完全统计，去年全县年发快递量近 400 万件，是 2012 年的 20 倍。以脐橙为例，作为赣南脐橙的核心主产区，早先果园交通不便、物流成本高，果农“丰产”难“丰收”。现在公路通往每个果园，脐橙从山上到山下的运费也由 2013 年以前的 0.8 元/kg 降到现在的 0.2 元/kg。交通便利了，70% 的赣南脐橙都在安远集散，总投资 8 亿元的中国供销 · 赣南脐橙交易中心落户安远，安远县正成为全国最大的赣南脐橙集散交易中心。

三是对接产业升级，“低水平”迈向产业“中高端”。安远县坚持把公路作为产业发展的“命脉线”，以“四好农村路”建设推动现代农业、绿色工业等产业转型升级，让一条条修好的公路变成输血造血的“致富路”。在农业方面，与

2012年相比，百亩以上的产业基地、种植大户增长了35倍；越来越多的村民告别了“面朝黄土背朝天”的生活，当上了“产业工人”。安远县车头镇龙头村由以种植水稻为主的贫困村，变为“山上脐橙园、山下烟瓜莲”的产业新村，农民人均纯收入由2013年的3960元增长至2016年的9578元，不仅实现脱贫退出，而且成为全省烟草种植示范村。在工业方面，“一园三区”距高速出入口均在2km范围内，内部交通更是四通八达，成为粤港闽台客商竞相追逐的投资热土。2013—2016年来，全县规模以上工业增加值年均增长20%以上，工业产业由劳动密集型向资本密集型、技术密集型转变，构建了以电子信息、矿产品深加工为主的发展格局。

四是助推旅游发展，“好山水”不再怕山区“林子深”。生态是安远最靓的名片，全县森林覆盖率达84.3%。但因地处偏远、交通不便，安远人民守着青山绿水过穷日子，美丽的东江源三百山“养在深闺人未识”。在交通建设中，安远县将农村路与旅游公路、沿线景观同步规划、统一实施，把公路延伸到各大景区、每个景点，推动乡村旅游景点由点串线，生态旅游井喷式发展，绿水青山成为“金山银山”。全县年游客接待量由2012年的60万人次增长到2016年的180多万人次。其中，三百山仅2017年春节期间，游客就达10.7万人次，是2012年三百山年接待量的三分之一。三百山村民邓慈长原来是贫困户，依托“四好农村路”，开起了农家乐，一年增收3万多元，不仅实现了脱贫，而且建起了三层的小洋房。

后　记

今后，建设“四好农村路”和创建“四好农村路”示范县将是我们面临的一项艰巨任务，也是指导今后农村公路工作的重要抓手。在各级政府的大力支持下，养护资金、路政管理等难题将逐步得到解决；管理体制方面，许多省份都进行了大量的有益尝试和探索，取得了许多宝贵的经验；技术方面，逐渐地形成了一套适用于农村公路的养护技术体系。

交通运输部已发布了《农村公路养护管理办法》《农村公路建设管理办法》等系列政策文件，构建了农村公路顶层设计的“四梁八柱”。2018年，又启动了《农村公路工程技术标准》《农村公路养护技术规范》《农村公路养护定额》等标准规范的制定工作，为“四好农村路”建设提供有效的技术指导。同时，在首批“四好农村路”全国示范县的基础上，开展了第二批全国示范县创建工作，为“四好农村路”建设提供了具体的模板。我们应抓住机遇，以创建“四好农村路”示范县为载体，积极把“四好农村路”建设工作做好，为建设社会主义新农村和农村社会经济又好又快发展创造良好的条件，为打好脱贫攻坚战当好先锋提供保障，为实施乡村振兴战略打好基础提供支撑！

作　者

2018年4月